行政执法案例要件评析

基于最高人民法院行政裁判案例

夏云峰／著

中国法制出版社
CHINA LEGAL PUBLISHING HOUSE

执法科学知识（科学理性）：执法本体论。关于执法性质、原则、要素、关系、形式等是与应是、有与应有的理论知识。

执法技术知识（技术理性）：执法方法论。关于实现执法是其所是，有其所有的解释、要件方法的理论知识，以及技术化执法，制定执法技术规范的理论、能力知识。执法技术规范包括但不限于执法事项、要件、流程、文书、案卷技术规范。

行政执法知识体系

执法实务知识（实践理性）：执法实践论。依照执法科学、技术，实现执法之是、之有的实际操作知识（含伦理），包括但不限于执法事项、要件、流程、文书、案卷的实际实现活动知识；推进执法是其应是，有其应有的制度活动实践知识。

执法要件是高质量精准精细执法的关键，是系统化的执法办案要点。

推进包括执法队伍在内的法治专门队伍革命化、正规化、专业化、职业化。

作者的话

"天下大事、必做于细。"对执法人员来说，最大的事莫过于执法办案，要把执法办案这个大事办好，必须精准精细，精准精细执法是高质量执法的必然要求。要精准精细执法，必须树立要件体系思维，以要件体系分析法律，分析执法事项，分析执法案件，依要件体系执法办案。舍此之外，别无他法。认识到并依要件体系执法办案，对实现精准精细执法，实现高质量执法，本身即具有重要而现实的独立意义。

如何确定执法办案要件体系？这是接下来的第二个重要问题。一是要能精准识别法律体系对执法办案的各项要求。二是要能在整体上基本符合各级各类执法人员素质水平能力，或者稍高，对他们来说，要件体系要好懂、好学、好用。三是要能符合执法办案实际，能为学习理解法律，细化执法事项，制定制作执法流程、执法（格式）文书，规范执法案卷，特别是能为实际执法办案提供全面、深入、准确、细致、有力的支撑。四是要能接轨行政法学等法学理论体系，与其融会贯通。为此，笔者以包括本书在内的五本书，提供了组织、依据、根据、证据、理由、决定六要件（执法组织角度）和行为时间、行为地点、行为主体、行为意识、实行行为、行为对象、行为结果、因果关系八要件（相对人角度）这种"6+8"要件体系，并以要件内涵外延以及要件之间的逻辑关系为主线，从执法科学、执法技术、执法实务角度构建了行政执法知识体系。

本书的目的是完善笔者所构建的行政执法知识体系，重在为执法人员演示要件体系在执法办案中的实际运用，以最高人民法院近年提审的数个实际发生的行政执法案例为蓝本，着重演示了行政处罚、行政征收、行政确认、行政强制、行政许可等事项案件中的要件体系运用。通过本书我们可以清楚地看到，执法要件体系具有强大的系统、全面、深入、细致理解、思考、分析、办理、审核、监督、总结实际执法案件的能力，对实现执法办案横向有条理、纵向有层次、推进有进度不可或缺，对实现精准精细执法，实现高质量执法不可或缺。要件体系，是提炼法律要求、融合实体程序、规范事项流程文书案卷、办理执法案件，是统一执法人员的认识，是达成立法、执法、监督人员对执法办案共识的不二选择。

本书案例案情取材于中国裁判文书网上公开的最高人民法院审理案件形成的裁判文书，并将有关判决书附于每个案例最后（出版时进行了必要的加工处理），这些判决书本身就具有研习的价值，但是，在研习这些判决书时，要注意裁判思路与执法思路的不同。裁判是要归纳分析行政争议的焦点，对焦点问题公正地适用法律，体现出公正司法的要求。而执法则是要全面梳理清楚执法办案的要点，也就是要件，并让这些要件准确地落实到执法办案过程中，体现出严格执法的要求。执法的首要要求是严格，司法的首要要求是公正，执法不严格，应该落实的要件没有认识到、落实好，就会成为司法裁判的焦点。司法裁判的过程，也是先要对特定执法办案执法要件进行"全面体检"，归纳其中没有落实好的要件，进而再结合诉求形成焦点，适用法律的过程。本书重在对最高人民法院判决书所载执法案例进行"6+8"要件体系评析。

这本书的写作和出版发行，得到了司法部行政执法协调监督局李秀群、彭飞、宫建、赵楠等同志，以及陕西省司法厅梁云波、赵森林等同志的指导和帮助，得到了中国法制出版社谢雯同志的支持。笔者上一本书《行政执法办案实务：要件、流程与文书》的出版发行得到了青海省司法厅薛蓉、吉林省司法厅宋钢、贵州省司法厅陈媛同志、陕西省住房和城乡建设厅胡世民、省委编办程兴旺、自然资源厅张强、生态环境厅庞涛、榆林市税务局乔晓刚、延安市司法局孙海陆、定边县司法局朱镛宏等执法单位、执法监督单位同志的支持，在此一并表示诚挚的感谢。

本书以及笔者所构建的行政执法知识体系定有不足，有赖更有才学者弥补之。

2023 年 9 月作者于陕西省司法厅

目　录

第一章　行政处罚案

——甲市生态环境保护局对海南亿某城建投资 有限公司山某天大道项目环境影响评价 文件未经批准开工建设处罚案

一、基本案情①

山某天大道项目是甲市政府投资建设的市政道路工程，甲市政府设立铜某岭国际生态旅游区项目指挥部作为开发执行机构，海南亿某城建投资有限公司（以下简称亿某公司）为项目的建设业主单位。

2016年3月31日，亿某公司获得案涉项目的《建设项目选址意见书》，同年5月6日获得《建设用地规划许可证》，同年11月3日获得《建设工程规划许可证》。2016年11月18日，甲市发展和改革委员会作出《关于海南甲市铜某岭国际生态旅

---

① 本书所列案情，取材于最高人民法院裁判书，作为执法办案机关办理特定案件事实情况的真实完整描述，真实完整准确地反映了所涉执法事项要件落实情况。因案情未直接来源于案卷（实际上即使直接源于案卷，也不可能将案卷内容全部复制于任何案例书之中），而是间接来源于裁判书对执法办案机关执法办案的描述，所以案情描述未必是完整的。但在本书中，笔者认为这种描述是真实的、完整的，这其中不含任何法院对案件事实的其他认定。完整的最高人民法院裁判书附于每个案例最后，在阅读、思考每个案例的评析时，应当兼看裁判书有关内容。

游区市政工程——山某天大道项目初步设计及概算的批复》，确定案涉项目道路总全长 1003.1 米，概算总投资为 11971.16 万元，由甲市政府与亿某公司按土地成片开发协议规定筹资。2017 年 3 月 30 日，亿某公司获得案涉项目的《建筑工程施工许可证》，证载合同工期一栏标注开工日期为 2016 年 12 月 30 日。

2017 年 10 月 13 日，甲市生态环境保护局（以下简称甲市环境局）对山某天大道项目进行检查，制作了现场照片，并与亿某公司员工陈某某制作了《现场检查（勘察）笔录》。2017 年 10 月 17 日，甲市环境局对亿某公司员工李某制作了《询问笔录》。甲市环境局调查后认为，案涉项目的环境影响报告表未经环保部门审批，亿某公司便开工建设，遂于 2017 年 11 月 9 日作出《责令改正违法行为决定书》，责令亿某公司停止案涉项目的建设，并于次日送达该决定书。2018 年 3 月 27 日，甲市环境局向亿某公司送达甲环保罚告字〔2018〕12 号《行政处罚事先（听证）告知书》，告知亿某公司拟对其处以总投资额 11971.16 万元的 1%，即 119.7116 万元的罚款及亿某公司在收到告知书三日内可申请举行听证。亿某公司于 2018 年 3 月 29 日提出听证申请，甲市环境局于 2018 年 7 月 20 日召开听证会，亿某公司委托李某、徐某某参加了听证会。甲市环境局于 2018 年 8 月 13 日召开听证会审会，同日作出甲环保罚决字〔2018〕21 号处罚决定书（以下简称 21 号处罚决定），认定案涉项目未经环保部门审批，擅自开工建设，违反了《环境保护法》① 第十九条、《环境影响评价法》第二十五条的规定，并根据《环境保护法》第六十一条、《环境影响评价法》第三十一条第一款的规定，决定对亿某公司作出总投资额 11971.16 万元的 1%，即 119.7116 万元罚款的行政处罚。2018 年 8 月 14 日，甲市环境局向亿某公司送达了 21 号处罚决定。

二、要件评析

本案为依职权的行政处罚案件，下面结合本案，主要从行政执法角度而不是司法裁判角度重点分析归纳本案涉及的处罚建设项目环境影响评价文件未经批准开工建设执法事项、案件要件②。

1. 关于组织要件

本书的执法组织要件主要是说执法事项、执法案件由谁来办，也就是针对法律上规定的相对人的所作所为（含状态，下同）如果在现实中发生，应预先分清由谁来管。

组织要件是执法办案组织、依据、根据、证据、理由、决定六大要件中须最先考虑的要件，包括组织管辖要件和组织条

---

① 全称为《中华人民共和国环境保护法》，为表述方便，在不影响理解的前提下，除引用的最高人民法院裁判文书外，本书在引用法律法规名称时，均省略全称中的"中华人民共和国"字样，如《环境保护法》《环境影响评价法》等。

② 处罚事项的要件笔者在《行政执法办案实务：要件、流程与文书》中已经根据《行政处罚法》等法律作了共性的分析归纳，阅读思考本部分内容时可以参阅。具体参见夏云峰：《行政执法办案实务：要件、流程与文书》，中国法制出版社 2022 年版。

件要件，这里着重讨论管辖要件。

无论是执法组织还是审判机关，对于一个案件首要考虑的应是执法组织是否具有对案件的管辖权。对执法组织而言，案件管辖是执法办案的起点，在没有执法办案之前，执法人员就应当对本执法组织、本执法机构对哪些案件有管辖权、对哪些案件没有管辖权十分清楚、明白。同时，基于执法岗位职责，执法人员也要对本人对哪些案件有办理权十分清楚、明白。在本行政处罚案件中，案件管辖就是指，甲市环境局对亿某公司生态环境违法行为是否具有处理权，对该行为是否具有处罚权。

法律对执法办案的管辖要件有明确规定，违反这些规定将造成严重后果。2021 年①《行政处罚法》（有效期间为 2021 年 7 月 15 日起至今）② 第十七条规定，行政处罚由具有行政处罚权的行政机关在法定职权范围内实施。2012 年《行政强制法》（有效期间为 2012 年 1 月 1 日起至今）第十七条规定，行政强制措施由法律、法规规定的行政机关在法定职权范围内实施。第三十四条规定，行政机关依法作出行政决定后，当事人在行政机关决定的期限内不履行义务的，具有行政强制执行权的行政机关依照本章规定强制执行。2019 年《行政许可法》（有效期间为 2019 年 4 月 23 日起至今）第二十二条规定，行政许可由具有行政许可权的行政机关在其法定职权范围内实施。等等。不管管辖要件，或者把管辖要件弄错了，在法律上被称为超越

---

① 以生效日期所在年份为准，下同。

② 本书所标注的"至今"仅指截至笔者成书之日，下文不再提示。

职权或者滥用职权，导致的法律后果是相关案件为可撤销案件或违法案件，甚至可能导致犯罪，相关案件可能被有权机关予以撤销或者确认违法，相关责任人可能被追究法律责任。2017年《行政诉讼法》（有效期间为 2017 年 7 月 1 日起至今）第七十条规定："行政行为有下列情形之一的，人民法院判决撤销或者部分撤销，并可以判决被告重新作出行政行为：……（四）超越职权的；（五）滥用职权的；……"2018 年《行政复议法》（有效期间为 2018 年 1 月 1 日起至 2023 年 12 月 31 日止）第二十八条第一款第（三）项规定："具体行政行为有下列情形之一的，决定撤销、变更或者确认该具体行政行为违法；决定撤销或者确认该具体行政行为违法的，可以责令被申请人在一定期限内重新作出具体行政行为：……4. 超越或者滥用职权的；……"2021年《刑法》（有效期间为 2021 年 3 月 1 日起至今）第三百九十七条规定，国家机关工作人员滥用职权或者玩忽职守，致使公共财产、国家和人民利益遭受重大损失的，处三年以下有期徒刑或者拘役；情节特别严重的，处三年以上七年以下有期徒刑。本法另有规定的，依照规定……

　　基于行政执法法律性、行政性、社会性、具体性四个本质属性中的具体性，以及执法办案"三段论"演绎逻辑结构的内在要求，对于执法依据特别是法律所明定的要件在执法办案落实过程中，需要确定一个原则，即执法组织应当在现有条件下，最大程度地将要件事实具体化，在有关案卷中应当对所办案件的要件事实予以明示记载，相对人方面和执法组织方面的要件事实都要尽量具体、明确地记载，在可能的情况下，应当在执法决定中写明。这不仅是执法本质属性的要求，也是预防执法办案法律风险的要求。执法案卷作为档案应当长期保存，其间具体办案人员可能几经轮换、退休，甚至无法联系，如果不对法定要件在案件中予以落实，在案卷中予以记载，一旦有事就容易说不清。就拿执法组织角度的管辖要件来说，在个案案卷中如不记载，随着时间的推移，对特定案件当时的管辖权是完全可能说不清楚的，其间可能经历多次机构改革、职能划转等。对审判机关来说，道理是同样的，甚至要求要更高些，裁判依据中法律规定的直接指向裁判内容的要件，应当在裁判书中对相应要件事实予以确认、论述。比如，在撤销裁判中，就应当对执法决定是否超越职权、滥用职权加以确认。基于行政审判的目的，行政审判应当坚持全面审查，全面明示评价行政执法案件要件。

本案中，甲市环境局对亿某公司生态环境违法行为是否具有管辖权问题，在最高人民法院再审判决书中并未提及，从表述看，是默示具有管辖权。实际上，执法组织的执法办案管辖权在工作中是一个比较复杂的问题，跟法院系统的管辖权区别很大，下面以本案行政执法管辖权问题为例进行说明。

本案是处罚案件，从案情描述看，甲市环境局所认定的亿某公司违法行为至少在其 2017 年 11 月 9 日制发《责令改正违法行为决定书》时一直处于持续状态，作出处罚决定的时间是 2018 年 8 月 13 日。按照当时的法律，依 2009 年《行政处罚法》

（有效期间为 2009 年 8 月 27 日起至 2017 年 12 月 31 日止）、
2018 年《行政处罚法》（有效期间为 2018 年 1 月 1 日起至 2021
年 7 月 14 日止）及有关规定和法理，执法组织的处罚管辖权包
括事项管辖、时效管辖、地域管辖、对人管辖、级别管辖、先
立案管辖、指定管辖等。这里重点说事项管辖和级别管辖。依
案情描述，本案涉及的部门法律是 2015 年《环境保护法》（有
效期间为 2015 年 1 月 1 日起至今）和 2016 年《环境影响评价
法》（有效期间为 2016 年 9 月 1 日起至 2018 年 12 月 28 日止）。
其中，规定涉及本案的事项管辖的法条分别是 2015 年《环境保
护法》第十条、第十九条、第六十一条，2016 年《环境影响评
价法》第三十一条。①

　　上述法条规定的涉及本案的执法事项管辖机关为，县级以
上地方人民政府环境保护主管部门（2015 年《环境保护法》）；
负有环境保护监督管理职责的部门，县级以上环境保护行政主
管部门（2016 年《环境影响评价法》）。县级以上地方人民政
府环境保护主管部门，与县级以上环境保护行政主管部门两种
叫法比较，后者主要是缺少"地方人民政府"几个字，其既包
括属于特定政府部门的环境保护行政主管部门，也包括不属于
特定政府部门的环境保护行政主管部门。负有环境保护监督管
理职责的部门既包括生态环境保护主管部门，也包括其他具有
生态环境保护监督管理职责的部门。

　　依上述，2015 年《环境保护法》、2016 年《环境影响评价

———————————

① 为避免过多重复，有关法条内容统一放在第三部分，下同。

法》都设定了对建设项目的环境影响评价文件未经批准擅自开工建设的建设单位予以行政处罚这一事项，设定的处罚主体不同，前者表述为负有环境保护监督管理职责的部门，后者表述为县级以上环境保护行政主管部门。案情指示"甲市环境局于2018年8月13日召开听证会审会，同日作出甲环保罚决字〔2018〕21号处罚决定书"，作出处罚决定的时间在两法有效期间内。两法的制定机关均为全国人大常委会，依2015年《立法法》（有效期间为2015年3月15日起至2023年3月14日止）第九十二条"同一机关制定的法律、行政法规、地方性法规、自治条例和单行条例、规章，特别规定与一般规定不一致的，适用特别规定；新的规定与旧的规定不一致的，适用新的规定"，本处罚事项的处罚主体应当依照2016年《环境影响评价法》的规定确定，为县级以上环境保护行政主管部门。

县级以上环境保护行政主管部门是哪个政府部门？在行政工作中，通常我们将中、省、市、县的生态环境保护局（部、厅、分局）当作生态环境保护主管部门，在实际的执法办案和行政审判中，这种"当作"是不可以的，必须具有证据证实。县级以上环境保护行政主管部门作为抽象法律概念，在案件中的具体化需要一个中介，这个中介在我国就是具体的、特定的生态环境保护局（部、厅、分局）的"三定"规定、"三定"方案或者其他编制文件（证据），并且在这些规定、方案、文件中，必须明确地写明这个生态环境保护局（部、厅、分局）是特定行政区域内的环境保护行政主管部门。这同时要求提高

"三定"规定、"三定"方案或者其他编制文件的制定质量，有些文件并未明确地具有"主管部门"字样，造成执法实际工作与法律衔接困难，易导致执法体制和执法秩序混乱。这里要特别注意的是，一旦确定主管部门，法律所规定的主管部门的职权，不得非法划转。

确定主管部门、明确事项管辖以后，还必须确定级别管辖问题。本案中，县级以上环境保护行政主管部门含中、省、市、县四级，本案应由哪级管辖？这同样需要具体化、确定化。在实行分级执法的系统中，可以依据分级的规定进行具体化，在没有实行分级执法的系统中，依照法律，各级执法组织都有管辖权，也意味着各级执法组织都负有法律责任。各级执法组织都有管辖权不是规范执法，规范执法必须分级执法，不分级执法就会职责不清，可能导致重复执法、交叉执法，甚至出现上级执法组织作决定，要求下级执法组织出决定书的情况。分级执法的规定，可以是规章，也可以是行政文件，上级的规定下级必须执行，制发规定的执法组织也必须执行自己的规定。

"三定"规定、方案主要解决横向执法事项管辖的划分，在实行垂直管理的执法系统，上级的"三定"规定、方案也可以同时解决纵向执法事项管辖的划分。分级执法的规定，解决纵向执法事项管辖的划分。只有两者都清楚，特定执法事项才能列入特定执法单位的执法事项清单，此时才能确切地说，这一执法单位对这一执法事项具有事项和级别管辖权。

本案案情和判决书中，并未对甲市环境局是否具有对亿某公司特定生态环境违法行为事项管辖权和级别管辖权进行专门论述，但执法办案单位（甲市环境局）在执法办案前是必须优先考虑自己的执法事项的事项管辖与级别管辖问题的。

处罚事项、案件的组织管辖要件如上所述，在组织条件要件上，主要是执法人员应符合规定要件，一个是执法人员具有执法资格要件，另一个是执法人员符合法定人数要件。2009 年《行政处罚法》第三十七条规定："行政机关在调查或者进行检查时，执法人员不得少于两人，并应当向当事人或者有关人员出示证件……"对于这两个要件的落实情况，案情和判决书均未描述。

2. 关于依据要件

本书的法律依据要件主要是说针对相对人的所作所为，法律是如何规定的，尤其是对这种法律规定的相对人的所作所为进行分类，以便为执法人员调查、审查案件事实提供明确的指引方向。同时，也包括确定执法依据的要求。

作出决定，必须具有依据，无论决定的性质是授益性的，还是负担性的，至于是否必须在特定执法文书上表述依据，要看是否有规定。没有规定必须表述依据不是不得表述，而是可以不表述。不表述是执法质量低的表现，予以表述是执法质量高的表现。在本案中，从行政执法学意义上来说，《建设项目选址意见书》、《建设用地规划许可证》、《建设工程规划许可证》、《建筑工程施工许可证》、《询问笔录》、《责令改正违法行为决

定书》、《行政处罚事先（听证）告知书》、甲环保罚决字
〔2018〕21 号处罚决定书等执法文书所表示的都是执法决定，
都必须具有执法依据。

基于执法的具体性，作出决定的依据依次要具体到法典、
法条的条、款、项、目。落实到执法文书上，总的书写原则是
"照录"，法典名称用全称，写"项"时，写作"（一）"而不
是"一"，法条仅有一款但多项时，不写"第一款"，写作"第×
条第（×）项"等。条、款、项、目内的具体内容可以直接引用
在文书上，也可以不引用，但是，对于相对人难以查询到的依
据内容，应当引用。执法决定文书上没有写明依据，不能确定
地说这个相应的案件没有执法依据，但可以说，这个执法文书
不规范，或者说这个执法办案、执法行为不规范、质量不高。

包括处罚在内的执法的法律依据应当合法、公开、有效。
本案作为处罚案件，最终决定为甲环保罚决字〔2018〕21 号处
罚决定书表示的执法决定，即以此分析处罚案件的执法依据。

作出处罚决定，通常有两种执法依据，一个是被处罚人的
行为违反的执法依据（行政法学上通常称为义务条款），另一个
是对这种违反执法依据的行为进行处罚的依据（行政法学上通
常称为责任条款），这两种依据可以简称为违法依据和处罚依
据。相对人的违法依据从执法组织角度来说，也可以称之为确
认依据，因为相对人是否违法，需要执法组织作出一种行政确
认，这种确认也属于行政执法学上的执法决定。在立法质量不
高的法典中，确认依据和处罚依据是有可能重合的，即前面的

法条并未规定当事人"应当"或"不得"的行为模式，而是在后面的法条，通常是法律责任的法条里面，将行为模式与法律后果一并作出规定，这时，这一法条既是确认违法的依据，也是处罚的依据。有时，法条不直接规定当事人的行为模式，而是将行为模式指示到另一表示执法规范的法条，此时，被指示的法条也是确认依据。相同的执法事项并不总是规定在一个法典中，同一执法事项的行为模式（构成要件）和法律后果也不总是在一个法条中完整的被规定，本案处罚决定的依据就是如此。

本案确认违法的依据，在案情的表述上有两条：一个是2015年《环境保护法》第十九条；另一个是2016年《环境影响评价法》第二十五条。我们先分析这两个确认违法的依据是否准确，然后再从构成要件角度分析法律规定的本案涉及的违法事项。

通过比较2015年《环境保护法》第十九条和2016年《环境影响评价法》第二十五条这两条规定就可以发现，他们所指并不相同。关涉本案的2015年《环境保护法》第十九条所指为，未依法进行环境影响评价的建设项目，不得开工建设。这一规定与2016年《环境影响评价法》第二十五条"建设项目的环境影响评价文件未依法经审批部门审查或者审查后未予批准的，建设单位不得开工建设"的规定不同。环评是一个行为，环评文件审批是另一个行为。同样，未环评是一个行为，环评文件未经批准（未提交环评文件或提交后未被审批）是另一个行为。如亿某公司事实上既未环评，其环评文件也未被批准，以 2015 年《环境保护法》第十九条、2016 年《环境影响评价法》第二十五条作为认定违法的依据是可以的，但是仍不完全。这是因为，2015 年《环境保护法》不仅以第十九条规定了建设项目应当环评，而且以第六十一条规定了环评文件应当被批准，尽管这条规定同时属于处罚依据（从立法技术上，违法依据应当与处罚依据分别规定）。2016 年《环境影响评价法》不仅以第二十五条规定了环评文件应当被批准，而且以第十六条规定了可能造成重大环境影响和轻度环境影响的建设项目应当进行环评，本案山某天大道项目属应当环评的项目。因此，如认定亿某公司事实上既未环评，其环评文件也未被批准，完整的违法依据应是 2015 年《环境保护法》第十九条、第六十一条，2016 年《环境影响评价法》第十六条、第二十五条。

问题是，案情已经写明"甲市环境局调查后，认为案涉项目的环境影响报告表未经环保部门审批，亿某公司便开工建设"，这说明甲市环境局认定亿某公司的违法行为是环评文件未经批准即开工建设，而不是未经环评而开工建设，此时，案情中将 2015 年《环境保护法》第十九条列为违法依据是不准确的。

实际上，无论在 2015 年《环境保护法》还是在 2016 年《环境影响评价法》中，建设项目未环评都未规定直接的法律后果，其法律后果间接地规定于环评文件未经审批这一行为的法律后果之中。审批环评文件，以建设项目环评为前提，是对环评结果即环评文件进行审批，未环评，肯定不能被批准。审批环评文件这一行为模式，吸收了建设项目环评这一行为模式。法律未对特定行为模式明确规定直接的法律后果，就不能在执法办案中依照该法律形成一个执法决定（作为过程的行政确认除外），因此，在确定本案相对人违法事项时，应从环评文件未经审批这一实行行为着手，而不能从建设项目未环评这一实行行为着手。

以 2015 年《环境保护法》和 2016 年《环境影响评价法》的规定为准，结合全案，本案涉及的相对人违法事项为，建设项目的环境影响评价文件（报告书、报告表）未经批准而开工建设，这个事项的实行行为有两个，主实行行为为建设项目的环境影响评价文件未经批准，辅实行行为为建设项目开工建设，后一实行行为是前一实行行为的触发要件，没有建设项目开工建设这一要件，建设项目的环境影响评价文件未经批准就无法成立。建设项目环境影响评价文件未经批准有两种情形，即未报批建设项目的环境影响评价文件（含未重报、未报请重审），与已报批建设项目的环境影响评价文件（含已重报、已报请重审）但未被批准。此由 2015 年《环境保护法》第六十一条，2016 年《环境影响评价法》第二十四条、第二十五条、第三十一条第一款和第二款规定。

本事项的行为主体为建设单位，规定条文如上。

基于两个实行行为，本事项的行为对象有两个。对应建设项目的环境影响评价文件未经批准这一主实行行为的行为对象，在本案中为省级人民政府规定的具有审批权的环境保护行政主管部门。此由 2016 年《环境影响评价法》第二十二条第一款、第二十三条第二款规定。对应建设项目开工建设这一辅实行行为的行为对象为环境。此要件并无明确法条规定，系从 2015 年《环境保护法》、2016 年《环境影响评价法》全文推定而出，为推定要件。开工建设必着落于物，在本案中主要为作为环境的土地、大气、水等。关于环境的含义，见 2015 年《环境保护法》第二条。

基于两个实行行为和两个行为对象，本事项的行为结果有两个。对应建设项目的环境影响评价文件未经具有审批权的环境保护行政主管部门批准，行为结果为对环境造成的损害，具体为不可控的损害。此要件由 2015 年《环境保护法》推定，系推定要件。对环评文件进行审批的目的，依照 2016 年《环境影响评价法》第一条、第二条的规定，可以认为是预防或者减轻建设项目对环境的不良影响，亦即使建设项目对环境的损害在可控范围内，未经审批，即为不可控。对应建设项目在一定环境中开工建设，行为结果为对环境造成不良影响。此要件由 2016 年《环境影响评价法》推定，系推定要件。两个行为结果相较，意义相似且对环境造成的不可控的损害更为具体，故本事项行为结果为对环境造成的不可控的损害。

本事项的因果关系为，建设项目的环境影响评价文件未经批准而开工建设是造成对环境不可控损害的原因。

此外，本事项还有两个推定要件，即行为时间、行为地点要件。行为时间为实行行为发生在 2015 年《环境保护法》、2016 年《环境影响评价法》有效期间内。此要件在 2009 年、2018 年《行政处罚法》，2015 年《环境保护法》，2016 年《环境影响评价法》中均未作出明确规定，系由法理推定。同时可参考 2021 年《行政处罚法》第三十七条规定，该条规定内容为，实施行政处罚，适用违法行为发生时的法律、法规、规章的规定。但是，作出行政处罚决定时，法律、法规、规章已被修改或者废止，且新的规定处罚较轻或者不认为是违法的，适用新的规定。行为地点为实行行为发生在执法组织管辖地域范围内。此要件由 2009 年《行政处罚法》第二十条、2018 年《行政处罚法》第二十条、2015 年《环境保护法》第十条第一款规定。两个第二十条内容相同，行政处罚由违法行为发生地的县级以上地方人民政府具有行政处罚权的行政机关管辖。法律、行政法规另有规定的除外。

上述要件中，行为时间、行为地点、行为主体、实行行为要件为确认相对人违法的必选要件，要确认相对人违法，在案件中必须查实这些要件的事实。行为对象、行为结果、因果关系要件为确认相对人违法的可选要件，仅确认相对人违法，在案件中可以不予查实。但是，基于法律规定，行为对象、行为结果、因果关系可以成为确认违法后进一步地予以处罚的必选要件，也可以因为是裁量要件而成为必选要件。

本案涉及的相对人角度处罚事项为，建设项目的环境影响评价文件（报告书、报告表）未经批准而开工建设的罚款处罚，其构成要件为违法事项要件+其他构成罚款决定的要件，这两者，都是处罚（罚款）决定这一执法组织角度处罚事项要件的构成要件。违法事项要件即上述分析的行为时间、行为地点、行为主体、实行行为要件具体所指。其他构成处罚决定的要件，在这里就是指 2016 年《环境影响评价法》第三十一条第一款"根据违法情节和危害后果"规定的要件，显然，这里明确地规定了一个要件，即行为结果要件，表述为危害后果。所谓危害后果作为本事项行为结果要件，就是上述分析的对环境造成的不可控的损害。由此，我们可以很自然地推定出本处罚事项具有行为对象和因果关系要件，否则在本事项中难以形成行为结果这一要件。行为对象和因果关系要件的含义如前所述，它们都是本处罚事项的必选要件。对单位的行为意识要件，因 2009 年、2018 年《行政处罚法》，2015 年《环境保护法》和 2016 年《环境影响评价法》都未作规定，根据简明执法原则，可以不作为本事项要件。

上述违法情节，从处罚事项的构成要件来说，其不是一个单独的要件，而是每一个构成处罚决定要件的程度。比如，实行行为要件，在本事项中，不报批与报批后未被批准相比，情节就要重；再如，行为时间要件，实行行为持续时间短与持续时间长相比，情节就要轻；又如，行为结果要件，对环境造成的损害大与损害小相比，情节就要重，等等。

综上，本处罚事项的要件包括以下几项。一是行为时间：实行行为发生在 2015 年《环境保护法》，2016 年《环境影响评价法》，2009 年、2018 年《行政处罚法》等有效期间内。二是行为地点：实行行为发生在执法组织管辖地域范围内。三是行为主体：建设单位。四是实行行为：建设项目的环境影响评价文件（报告书、报告表）未经批准；开工建设。五是行为对象：省级人民政府规定的具有审批权的环境保护行政主管部门；环境。六是行为结果：对环境造成的不可控的损害。七是因果关系：建设项目的环境影响评价文件（报告书、报告表）未经批准而开工建设是造成对环境不可控损害的原因。八是处罚决定：罚款。在案件中作出罚款的处罚决定，构成处罚决定的要件均须查实。本案，如果仅作出责令停止建设的行政命令决定，仅查实前述确认违法事项要件即可，因为根据法条，确认违法事项要件同于停止建设命令构成要件。

这里还需对上述"根据违法情节和危害后果"再做一些评析。作为行为主体，建设单位的实行行为未依法进行环境影响评价而开工建设的行为结果的危害后果，之所以是构成处罚的要件，就在于"根据……危害后果"之规定，如忽视此要件，则为构成要件确定不完全。违法情节，在这里是法律明定的裁量因素确定的标准，依违法情节确定裁量因素，制定裁量基准，裁量因素是裁量要件（可裁量的构成要件）的下位概念。

至此，关涉本案的执法依据规定的相对人角度之违法事项要件，亦即执法组织角度确认相对人违法事项要件，相对人角度之处罚事项要件，亦即执法组织角度对相对人处罚事项要件，已经分析清楚，此为办理本案提供了基本的前提（执法办案

"三段论"大前提）。需要说明的是，每一构成要件，法律或者通过法律解释，都要给出一个确切的含义，或者给出一个明确的判断标准，否则在执法办案中就会出现争议。本案判决书争议焦点分述中的第一个问题即"一、关于未批先建责任主体与处罚对象问题"中所提出的问题，就是一个例证。产生这个问题的原因，固然有甲市环境局对本案事实没有查清的原因，但是，即使查清事实，法律没有给出何为建设单位的判断标准，甲市环境局也无法认定四个建设参与主体何者为建设单位，判决书中同样没有给出生态环境保护领域建设单位判断的依据，查现有执法依据，亦无明确规定。在此情况下，只能通过执法解释解决此问题，而执法解释又是一个纷繁复杂的问题，具体可以参考《行政执法解释理论与实务技术操作：行政执法决定的方法》一书，为节省篇幅，这里就不再详细展开了，部分内容可参阅本评析第四部分。

3. 关于根据要件

本书的事实根据要件主要是说执法人员在特定案件中依照法律依据的分类指引，所查明、认定的实际上已经发生或者正在发生的相对人的所作所为，也就是查明、认定的案件事实，以及对这些案件事实的查明、认定要求。

事实根据要件是执法办案六要件中，在具体内容上变化最多、最不稳定的要件。相对人的事实，是引起特定执法案件的根源和基础，从这个意义上来说，事实只宜与根据一词连用，而不宜与依据一词连用，我们说事实根据，而不说事实依据。依据具有依照、按照的意义，更多地指向一种价值判断的标准和承载这种价值判断标准的规范，通常指向法律、法规、规章等规则，这种判断是对事实的判断，而不是指向执法办案中的事实部分。基于依据的依照意义，我们可以说依据法律如何如何，因为其内含一种规范后果，而不能说依据事实如何如何，因为事实并不内含一种后果，或者说其隐含的后果并非是明确的、规范性的。

包括处罚在内的执法的事实根据应当确凿、清楚。

执法办案的过程，就是执法组织将执法依据规定的有关于事实的要件（含执法组织与相对人事项两方面的要件），在案件中通过执法证据（证明），形成执法理由落实为要件事实，进而作出执法决定的过程。所谓事实确凿，即要件事实存在，所谓事实清楚，即案件事实为要件事实，因为是一种要件事实，所以这种事实是有条理的、清晰的，事实清楚可以涵盖事实确凿。此两者为执法组织认定事实的两个方面。对于本案相对人角度的事实要件，就是甲市环境局要依照前述对执法依据的要件分析分类，将行为时间、行为地点、行为主体、实行行为、行为对象、行为结果和因果关系要件所指向的事实在案件中予以落实，在行政处罚上，这些要件事实统称违法事实，有时也被概称为违法行为。

相对人的事实根据由执法组织认定并且必须被表述，在案件、案卷中未被表述的事实根据即为未认定。对于案件中认定的事实的表述，不应直接以法条表述该事实的要件的语词来直接表述，应当最大程度地具体化。确凿的事实根据，就是证据等证明方式所直接证明的内容（比如，询问笔录中当事人所述内容，在经其他证明方式印证后即可作为定案的事实根据），在相对人角度，就是相对人实际干了什么，执法组织与相对人角度的事项要件接触到的是什么，是现象层面的、直接的、具体不含任何抽象成分、不含执法组织任何意志成分的，表述时原则上应照录。在具有确凿事实的基础上，才能对事实进行定性，即以法定要件定性案件要件事实。

下面对照案涉事项法律依据要件分类，分析本案事实根据要件事实。

在行为时间要件事实上，从本案案情看，甲市环境局并未明确表述指出认定山某天大道项目的具体开工建设时间事实，如执法办案时亦未查明，则属重大缺失，属于事实不清的表现之一。从判决书来看，行为时间要件事实在法院裁判过程中才被查明。判决书"二、关于案涉项目违法开工建设时间问题"中指出，"铜某岭指挥部出具的《情况说明》证实，亿某公司自2015年9月起开展案涉项目道路土石方施工作业，2016年6月完成路基垫层及级配碎石施工，具备基本通行条件。上述证据与经公证的当地相关新闻报道能够相互印证"。据此，本案行为时间要件事实的开始时间为2015年9月，直至2017年11月9日甲市环境局作出《责令改正违法行为决定书》，这一行为时间要件事实一直处于持续状态。

在本案行为时间要件事实上，有一个特殊情况，即实行行为的持续时间跨 2003 年 9 月 1 日开始实施的《环境影响评价法》与 2016 年 9 月 1 日开始实施的《环境影响评价法》，且规定案涉事项的法条有修改，包括相对人事项要件和与之对应的应当给予的执法决定内容含处罚内容都有变化，因此，准确认定行为时间要件事实就成为正确办理本案的关键点之一。对于这种涉及新旧法适用的复杂问题，原环境保护部专门印发意见作出相应规定，涉及本案的规定内容是：建设项目于 2016 年 9 月 1 日后开工建设，或者 2016 年 9 月 1 日之前已经开工建设且之后仍然进行建设的，立案查处的环保部门应当适用新《环境影响评价法》第三十一条的规定进行处罚，不再依据修正前的《环境影响评价法》作出"限期补办手续"的行政命令。这一规定，将主实行行为建设项目的环境影响评价文件未经批准的持续时间与辅实行行为建设项目开工建设持续时间加以区分，主实行行为在时间上一直持续，辅实行行为时间开工建设以 2016 年 9 月 1 日进行界分，之后辅实行行为时间持续的，即仍然建设的，执行新法。当然，即使不出现这种涉及新旧法执行的特殊情况，行为时间作为要件，在任何案件中都必须予以查实。

关于本案的行为地点要件事实，案情中亦未明确指出，判决书中也仅是确定了建设项目的地点，判决书指出"案涉项目位于甲市铜某岭国际生态旅游区云梯宝陵河片区"。这只能说明主实行行为建设项目的环境影响评价文件未经批准的行为地点，以项目所在地确定。此外，还应当确定辅实行行为建设项目开工建设的地点，建设项目位于哪里，有时并不等同于在哪里开工建设。只有准确确定开工建设的地点事实，才能准确确定基于行政区划的本案的地域管辖执法机关，有关问题可参考本评析第一部分。

本案的行为主体要件事实在案件中至少确定地不够完全，此问题在本评析第二部分已略有涉及。一方面，以何种标准确定建设单位，这是一个立法问题；另一方面，在缺失标准的情况下，执法办案还得进行下去，就需要执法机关就何为建设单位确定一个判断标准，这个标准应当是合理的。所谓合理，至少是这个标准应是一个普遍适用的标准，而不能只适用于本案。从判决书确认的事实看，本案案涉项目系甲市政府投资建设的市政道路工程，甲市政府设立铜某岭指挥部作为项目的开发执行机构，亿某公司为项目的建设业主单位，丙镇政府也承担部分业主单位责任。是以投资方为标准确定建设单位，还是以项目成果的归属方为标准确定建设单位，抑或两者结合加以确定，均须给予合理的解释，而且这种解释应当适用于生态环境领域，至少是本案案涉类型建设单位的确定。确定这样一个普遍的判断建设单位的标准，对于甲市环境局这样一个市级执法单位来说是困难的，归根结底，这是一个立法问题。

从案情看，本案还涉及不到确定标准这一步，因为案情作为执法办案准确完整描述，其中完全没有涉及亿某公司以外的项目参与单位，此为事实不确凿，也即执法办案之"有"的不完全，尚未涉及"有"之后的"是"的问题，也即还未到事实清楚这一步。在审判阶段，最高人民法院相较于执法办案阶段向前进了一步，确定了行为主体的范围，但亦未给出一个确定行为主体的判断标准，或者明确指出谁为本案建设单位，只是指出了问题所在，即"亿某公司是否属于《环境保护法》等法律法规规定所指的'建设单位'，甲市政府及其设立的铜某岭指挥部、丙镇政府以及亿某公司是否均属有义务申请办理环境影响评价文件审批手续的责任主体，存在相互冲突的证据。甲市环境局将亿某公司作为未批先建的责任主体和处罚对象的事实不清，且未作出合理说明"。这种处理行为主体要件事实的方式，在法院否定一个案件已够，但在执法机关构建一个案件则不足。

本案实行行为要件事实有两个，即建设项目的环境影响评价文件未经批准的事实与建设项目开工建设的事实，在案情中的表述为"认定案涉项目未经环保部门审批，擅自开工建设"。通过本评析第二部分分析，主实行行为有两种情形，即未报批建设项目的环境影响评价文件（含未重报、未报请重审），与已报批建设项目的环境影响评价文件（含已重报、已报请重审）但未被批准，从执法办案具体性要求出发，在认定事实时，应当具体到是哪种情形，是未报批建设项目的环境影响评价文件，还是已报批建设项目的环境影响评价文件但未被批准。不具体，很多问题就难以发现，就容易造成事实不确凿、不清楚。判决书指出，"根据《建设项目环境影响评价分类管理名录》（2015

年6月1日施行）第2条规定，案涉项目应当编制环境影响评价报告书并报海南省生态环境厅审批。根据2017年9月1日实施的《建设项目环境影响评价分类管理名录》附表第157项'等级公路'的相关规定，案涉项目应当编制环境影响登记表并报甲市环境局审批。可见，2017年9月1日前后相应的审批机关与审批要求均发生变化。亿某公司陈述其主观上并不存在违法故意，并称其委托海南某亚生态环境工程咨询有限公司编制了《环境影响报告书》，还曾向海南省生态环境厅申报环评手续，海南省生态环境厅于2016年8月11日委托海南省环境科学研究院召开了技术评审会，甲市环境局副局长也参加了评审会，但被告知环评文件分类和相应的审批权限将调整，被要求在新规实施后再办理相应的报批手续。上述事实是否存在、是否构成审批机关变更原因、是否属于从轻或者减轻甚至免予处罚的情节，直接影响是否应当追究亿某公司违法责任及责任程度。甲市环境局应按照《行政处罚法》的规定对亿某公司提出的事实、理由和证据进行复核；事实、理由或者证据成立的，应当采纳；不予采纳的，也应说明理由"。因此，甲市环境局有责任查清亿某公司是否报批的事实，对事实属未报批还是报批未予批准作出准确、具体的认定。

判决书指出的上述内容有两个问题需要说明。一个是谁要求亿某公司在新规实施后再办理相应的报批手续？依据何在？这是必须查明的。如判决书亿某公司申请再审所称"海南省生态环境厅提出环保部①拟出台的《建设项目环境影响评价分类管理名录》，市政道路评价等级由环境影响报告书更改为环境影响报告表，审批部门也由省厅级别调整为当地市局，因此未接收申请人的材料"属实，则如没有依据，海南省生态环境厅不得拒收申请材料，应当依照亿某公司申请报批时的规定办理，而不能随意要求其延期办理，因为这不仅是无法定依据的问题，也涉及工期问题和亿某公司的实体利益。当然，如果按照新规报批环境影响登记表能确定无误地缩短审批周期，较报批环境影响报告书能更早地拿到审批结果②则另当别论，否则海南省生态环境厅存在过错。同时，对海南省生态环境厅不予审批环境影响报告书，亿某公司可以通过复议、诉讼救济，但不能将其作为违法理由。另一个是，联系上文原环境保护部意见规定和2016年《环境影响评价法》第三十一条第二款的规定，即使亿某公司报批过环境影响评价文件，但只要2016年9月1日之前未经批准而开工建设，且之后仍然进行建设的，就不影响对其进行罚款，但是，如有报批事实，则可能会影响执法裁量，影响罚款比例数额。这种可能性主要存在于相应的裁量基准已对实行行为的不同情形作出了区别规定。

对于建设项目开工建设实行行为要件事实，案情表述、认定亦不具体、不完全，如以土石方施工作业为开工建设，即以其表述开工建设的事实，将其认定为开工建设，而不能以开工

---

① 经2018年国务院机构改革组建生态环境部，不再保留环境保护部。
② 问题是，哪个执法机关能给出这样一个确定无误的承诺呢？这不仅是一个简单的审批期限的问题，更涉及很多实体性问题。

建设来表述开工建设这一要件事实。基于案情描述，对于这一要件事实，甲市环境局存在的最大问题在于未查明 2016 年 9 月 1 日以后是否继续建设的事实，属执法办案重大纰漏，根据原环境保护部意见，这将直接影响本案执行 2003 年《环境影响评价法》，还是执行 2016 年《环境影响评价法》，执行不同的法律，本案的执法决定内容将极大不同。如执行 2003 年施行的《环境影响评价法》，如系未报批而开工建设，必须先责令亿某公司限期补办手续，逾期不补办手续才可以予以罚款。如系报批但未经批准而开工建设，罚款计算方式与 2016 年《环境影响评价法》完全不同，且还存在裁量是否予以罚款的区别。

本案行为对象要件事实案情未表述。从判决书看，主实行行为建设项目的环境影响评价文件未经批准的行为对象，可以由省级人民政府规定的具有审批权的环境保护行政主管部门具体到海南省生态环境厅，在执法办案过程中，应当向省生态环境厅求证是否报批的案件事实。辅实行行为建设项目开工建设的行为对象要件事实环境在案件中亦未查明、表述，在执法办案中应查明开工建设针对的作为环境的是土地、水还是其他具体的对象。

本案行为结果要件事实从案情看未考虑，因此也不可能表述。对环境造成的不可控的损害作为本案法定事项的行为结果，其要件事实在案件中必须予以查明。要查明是何种损害、损害的数量以及实际造成的损害与可控（可批准的）损害相比多出的损害数量（额外损害）等。因本案所涉法定事项的行为结果要件属法律明定的要件，不查明这一要件事实则处罚决定不得作出。

从案情看，因本案未查明行为结果要件事实，作为要件的实行行为与行为结果之间的因果关系事实也就不可能在案情中被论述和表述了。在本案中，应当查明案涉项目的环境影响评价文件未经批准而开工建设的事实，在事实上是本案中特定的对环境造成的不可控损害的事实的原因。通常应当查明两个方面：一个是没有案涉项目的环境影响评价文件未经批准而开工建设的事实，就不可能有本案中特定的对环境造成的不可控损害的事实，前者是后者的条件；另一个是这种条件关系符合人们通常的认知、客观规律和科学法则。

4. 关于证据要件

本书的案件证据要件主要是说执法人员在案件中依照法律依据的分类指引，使用证据证明相对人实际上的所作所为，也就是证明案件事实，以及对证明、证据的要求。

证据是连接法律与事实之间的桥梁，证据证明是证明案件事实为法定要件所指事实的主要方式。包括处罚在内的执法的决定证据应当合法、真实、充足、关联。证据单薄是当前行政执法办案的一个严重问题。这种单薄，不单单是指个案证据数量普遍偏少，而且指没有树立依要件取证的意识，在个案中缺少证明某一要件事实的证据的情况并不鲜见，本案就是一个例证。

从案情明确的描述看，本案证据主要是现场照片、《现场检查（勘察）笔录》《询问笔录》。案涉项目的《建设项目选址意见书》《建设用地规划许可证》《建设工程规划许可证》《关于海南甲市铜某岭国际生态旅游区市政工程——山某天大道项目初步设计及概算的批复》《建筑工程施工许可证》是否为附案卷证据，案情和判决书未论及，这里将其作为案卷证据看待。

下面对照案涉事项法律依据要件分类分析本案证据要件。

本案证明行为时间要件事实的证据，从案情、执法决定推定和判决书认定内容看，为《询问笔录》和《建筑工程施工许可证》，基于此，甲市环境局将辅实行行为建设项目开工建设的行为时间要件事实认定为 2016 年 12 月 30 日。《询问笔录》的被询问人为亿某公司李某，判决书指出："李某虽系亿某公司的员工，但其工作内容为案涉项目的环评手续的申报，并非亿某公司负责案涉项目施工的人员，李某对开工时间的陈述亦需进一步通过调查核实确认。"甲市环境局在进行询问查明被询问人个人基本情况特别是身份时，就应当查清李某在公司的岗位职责，并作出其证人证言与本案有关要件事实关联性不强的判断。对于《建筑工程施工许可证》，案情明确，"2017 年 3 月 30 日，亿某公司获得案涉项目的《建筑工程施工许可证》，证载合同工期一栏标注开工日期为 2016 年 12 月 30 日"。一般而言，《建筑工程施工许可证》内容已经其他执法机关核实，可以作为认定本案行为时间要件事实的证据，但其中存在两个问题：一个是亿某公司获得案涉项目的《建筑工程施工许可证》的时间为 2017 年 3 月 30 日，但开工时间记载却在此前的 2016 年 12 月 30

日，正常情况下，开工时间应在施工许可之后，此为应当进一步核实证载开工时间的理由；另一个是在案件调查过程中，尤其是听证时、处罚告知后，亿某公司是否就此证据及证据证明的开工时间事实提出异议？如提出异议，甲市环境局有义务进一步核实开工时间。

此外，关于本案项目建设的持续时间，可以由现场照片、《现场检查（勘察）笔录》《询问笔录》证明。现场照片作为证据因未依法制作，在诉讼中被排除。依法制作的现场照片，在本案中可以证明甲市环境局 2017 年 10 月 13 日检查时项目正在建设。至于《现场检查（勘察）笔录》《询问笔录》能否作为证明项目建设持续时间的证据，一要看案卷中具体载明的证据本身和反映的取证过程是否符合要求；二要看证据内容是否指向作为行为时间的持续时间要件，如果没有指向项目建设的持续时间要件，则无法证明。

本案的行为地点要件事实的证据，从案情看，可以是《建设项目选址意见书》《建设用地规划许可证》《建设工程规划许可证》《关于海南甲市铜某岭国际生态旅游区市政工程——山某天大道项目初步设计及概算的批复》《建筑工程施工许可证》，这些证据可以初步证明建设项目所在地和开工建设地，注意，这里只是初步证明，这是因为，上述"书""证""批复"都是一种"规定"，实际的建设项目所在地和开工建设地还存在是否符合这种"规定"的问题，因此还须进一步核实实际的建设项目所在地和开工建设地。对于这一类具有"规定"性质的书证，在执法办案调查取证过程中，一般都需对该书证证明对象的实际情况进一步核实。本案中，依法制作的《现场检查（勘察）笔录》如果涉及上述两项内容，可以作为进一步核实两事项的证据。依法制作的亿某公司负责环评手续报批的李某的《询问笔录》，如果涉及上述两项内容，也可以作为进一步核实的证据，这是因为建设项目所在地和开工建设地应属环评手续内容，李某应当知道这两个事项。

本案行为主体要件事实的证据，在确定建设单位标准的前提下，依照标准确定的行为主体范围依次对所有建设单位进行取证。一个是证明其存在的证据，比如营业执照、设立文件等；另一个是建设单位与案涉项目关系的证据，这种关系就是之前确定的建设单位的标准所反映的关系，以投资为标准，就取得证明投资关系的证据，以项目成果归属为标准，就取得证明项目成果归属关系的证据，如案情所述《关于海南甲市铜某岭国际生态旅游区市政工程——山某天大道项目初步设计及概算的批复》，其中内容如能证明上述关系，即为本案行为主体要件事实证据。

本案实行行为要件事实的证据在建设项目的环境影响评价文件未经批准主实行行为上，最有力的证据应是海南省生态环境厅关于涉项目环境影响评价文件未经批准的说明，因为案涉项目开工建设时间为 2015 年 9 月，在此之前环境影响评价文件就应经过批准，此时的审批机关为海南省生态环境厅，其最清楚案涉项目环境影响评价文件是否已经提交审批，是否已经批准。在案情表述上未见此证据。与本实行行为关联性次强的证据为证明亿某公司不能提供批准文件的证据，亿某公司就本实行行为事实自认的证据，如现场检查不能提供批准文件而形成的《现场检查（勘察）笔录》，亿某公司案涉项目环境影响评价文件未经批准的说明等。在开工建设辅实行行为上，最有力的证据应是作为施工方的亿某公司案涉项目施工作业日志、记录及安全检查记录表等，以及案涉项目施工有关内部会议记录、文件等，其次为亿某公司关于案涉项目施工的说明，以及施工人员、施工管理人员的询问笔录或者说明，最后为案涉项目周边知情单位人员的说明和询问笔录，当地相关新闻报道及采编本新闻的媒体、人员的说明和询问笔录等。从案情描述和判决书内容看，案件的这部分证据不是缺失就是无关。

本案行为对象要件事实的证明方式在案情中并未表述。从本案案情看，行为对象要件事实并不需要证据予以证明，从执法认知即可获知，无论是针对主实行行为的行为对象为海南省生态环境厅，还是作为辅实行行为对象的具体的土地、水、空气，抑或其他具体的对象，都可以在执法办案过程中直接知悉。这类通过执法认知方式认定的事实，以及认知过程应当在案情中表述。

本案行为结果要件事实的证据首推鉴定意见，应委托鉴定机构对案涉项目对环境造成的是何种损害、损害的数量以及实际造成的损害与可控（可批准的）损害相比多出的损害数量（额外损害）等出具专业的意见，否则本案的行为结果事实难以具体确定。其次，可以在甲市环境局查明何种损害、损害的数量两事实的基础上，由案涉项目环境影响评价文件的审批机关海南省生态环境厅，对实际造成的损害与可控（可批准的）损害相比多出的损害数量（额外损害）出具认定意见，作为审批机关，其认定意见在本案中具有高权威性。

本案因果关系要件事实的证明方式在案情中亦未表述。在本案中，应当根据因果关系的推定法则，论证、推定、表述出案涉项目的环境影响评价文件未经批准而开工建设的事实在事实上是本案中特定的对环境造成的不可控损害的事实的原因。就因果关系这一要件事实本身而言，其不通过证据证明，而是一种事实推定的过程。

依职权执法要件事实的证明责任，一般而言，在执法组织、法律、法规规定由相对人证明的，由相对人承担证明责任，规定由相关人证明的，相关人承担证明责任，同时，相对人、相关人有权对有利于自己的主张的要件事实予以证明。无论执法要件事实的证明责任在谁，执法组织都必须对自己的决定（主张）的构成要件事实和阻却要件事实承担证明责任。

5. 关于理由等程序要件

本书的执法理由等程序要件，在理由要件上主要是说厘清、形成特定案件内的各要件之间的逻辑关系，在程序要件上主要是说在特定案件中，针对相对人实际的所作所为，执法组织和执法人员重点要干什么、怎么干。程序即关系，在案件意义上，理由是程序要件之一，在理论意义上，理由包含所有程序要件。

理由作为执法的总关系，指示着这样一种关系，即案件依据（规定）与案件事实之间的演绎逻辑关系，具备特定案件依据（规定）所指示的特定案件事实，产生特定案件依据（规定）所规定的特定法律后果，这个特定法律后果在特定案件中就是执法决定内容。在相对人方面，特定案件依据（规定）所指示的特定案件事实，我们如上可将其分为行为时间、行为地点、行为主体、行为意识（本案不涉及）、实行行为、行为对象、行为结果和因果关系八类，这也是特定案件依据（规定）作为法律规范的构成（法律后果的）要件分类。在执法组织方面，特定案件依据（规定）所指示的特定案件事实，以构成执法决定为中心，我们将其分为执法组织、执法依据、执法根据、执法证据、执法理由自身五类，这五类也是特定案件依据（规定）作为法律规范的构成（法律后果，亦即规定上的决定内容的）要件分类。以案件为中心，就要加上执法决定，共六类，这六类是对构成规定上的案件的要件分类。上述这些要件在案件中，只有在与规定上的要件完全对应，才能说这个特定的执法办案是正确的，这个对应的过程就是形成执法理由即建立依据（规定）与现实存在的案件演绎逻辑的过程。本书评析的脉络就是以执法组织角度的案件六要件（内含相对人角度八要件，这八要件可以看作是执法组织角度依据、根据、证据的共同的八个分类）为经，以相对人角度的八要件为纬，着重评析每一个规定上的要件、案件中的要件，以及两者之间的演绎逻辑关系。

要件分为实体要件和程序要件，实体要件指示的是实物，也称要素，程序要件指示的是关系，是执法实物之间的关系。执法办案中最大的五个实物就是上述执法组织角度的五个实体要件，即组织、依据、根据、证据、决定（下述），在本书中分类予以评析。执法中最大的关系是上述的演绎逻辑关系，也就是本评析所说的执法理由，也就是规定上的组织、依据、根据、证据、决定五个实物性质与案件上的组织、依据、根据、证据、决定五个实物事实对应的关系。除了这种最大的关系之外，法律还规定了内含于这种最大关系的其他要素之间的关系，比如组织要素中的执法人员与证据之间的收集、取得的关系等，这些法定关系（在案件意义上包括执法理由）即为程序要件，也必须在案件中加以落实，这类关系我们将其纳入执法理由这一执法总关系中理解，统一在本评析中加以分析。这类关系通常规定在程序法中，关于行政处罚主要规定在《行政处罚法》里面，关于行政许可主要规定在《行政许可法》里面等。①

在特定的执法案件中，其所有的程序要件都必须在执法办案中予以落实。②

---

①　限于篇幅，这里对要件要素的分类及其相互之间的关系不再展开，可参阅夏云峰：《普通行政执法学》，中国法制出版社2018年版；夏云峰：《行政执法解释理论与实务技术操作：行政执法决定的方法》，中国法制出版社2020年版；夏云峰：《行政执法办案实务：要件、流程与文书》，中国法制出版社2022年版。

②　落实是以事实与证明（主要以证据证明）体现出来的，执法组织角度的要件特别是执法理由等程序要件落实尤其要注意执法全过程记录，关键是以证据的形式记录行政执法组织角度的要件，这是现在执法比较薄弱的方面。执法办案的六个要件都有监督执法和执法办案双重意义，具体的含义见夏云峰：《普通行政执法学》，中国法制出版社2018年版。

本案作为行政处罚案件，其主要的程序要件规定在 2009 年、2018 年《行政处罚法》中，少部分规定在 2010 年《环境行政处罚办法》（环境保护部令第 8 号，有效期间为 2010 年 3 月 1 日起至 2023 年 7 月 1 日止）中。2021 年《行政处罚法》规定的程序要件，在笔者的《行政执法办案实务：要件、流程与文书》① 一书中已经分析归纳，为节省篇幅，这里不再展开，其中的大部分程序要件都适用于本案和本案涉及的处罚事项。按照案情表述，行政检查的时间为 2017 年 10 月 13 日，作出处罚决定的时间为 2018 年 8 月 13 日，因此应当落实 2009 年、2018 年《行政处罚法》，以及 2010 年《环境行政处罚办法》规定的程序要件。

2018 年《行政处罚法》较 2009 年《行政处罚法》增加了一个程序要件，即审核，即审核人员（要素即实体要件）审核（审核与被审核的关系即程序要件）处罚决定（要素即实体要件，以下不再标示）。2010 年《环境行政处罚办法》也规定了类似的审查要件。2018 年《行政处罚法》第三十八条第三款规定，在行政机关负责人作出决定之前，应当由从事行政处罚决定审核的人员进行审核。行政机关中初次从事行政处罚决定审核的人员，应当通过国家统一法律职业资格考试取得法律职业资格。2010 年《环境行政处罚办法》第四十六条规定，案件审查的主要内容包括：（1）本机关是否有管辖权；（2）违法事实

---

① 夏云峰：《行政执法办案实务：要件、流程与文书》，中国法制出版社 2022 年版。

是否清楚；（3）证据是否确凿；（4）调查取证是否符合法定程序；（5）是否超过行政处罚追诉时效；（6）适用依据和初步处理意见是否合法、适当。审核审查要件在案情中未被表述。此外，2018 年《行政处罚法》和 2009 年《行政处罚法》，以及2010 年《环境行政处罚办法》还规定了立案、调查取证、检查、回避、亮证、告知、听证、听取与复核、审查或讨论（审议）、交付或送达、期间等程序要件。

从本案案情表述看，提及了调查取证、检查、告知、送达和听证程序要件落实情况，但表述不完全，其他本案涉及的重要程序要件，如立案和重大处罚集体讨论（审议）完全没有表述。未提及的程序要件是否已经在案件中得到落实，需要进一步查阅案卷。如上述程序要件在案件中没有得到真正、有效落实，则会成为本案形成错案的重要原因。

6. 关于决定要件

本书的执法决定要件主要是说执法组织、执法人员在特定案件中，针对相对人实际的所作所为，要作出什么样的处理内容、处理结果，怎样作出处理内容、处理结果。

决定要件是执法办案最重要的要件，集中体现了其他执法办案要件，集中体现了执法机关确定的主张和意志，为执法相对人设立、变更或消灭法律上的权利和义务。一个执法案件之所以能成为一个案件，最终、最重要的判断标准是这个案件中存在一个执法决定要件。这里的执法决定并非通常意义上的一件事的最终处理决定，而是行政执法学意义上的执法决定。在理解执法要件时，要注意区分前述涉及的构成决定的要件与构成案件的要件，决定是构成案件的要件，构成决定的要件同时也是构成案件的要件，他们是一个问题的两个层次。

在案件中满足其他执法办案构成要件，且无阻却决定形成的要件，执法决定要件即可形成，但在决定具体内容上，还需至少考虑决定类型和裁量要件两个方面的问题。

本案判决书指出："现有证据能够证明在 2016 年 6 月，案涉项目已经开工建设并具备基本通行条件。本案应适用修改前还是修改后的《环境影响评价法》，关键在于案涉项目是否属于环境保护部《关于建设项目"未批先建"违法行为法律适用问题的意见》中'2016 年 9 月 1 日之前已经开工建设且之后仍然进行建设'的项目。因此，案涉项目 2016 年 9 月 1 日之前是否已经开工建设并完成主体建设、之后是否仍然进行建设以及与之前开工建设的关系，既影响新旧《环境影响评价法》的选择适用问题，也可能影响行政处罚幅度裁量，必须予以查明。但甲市环境局对新法实施前后违法建设完成情况未予调查认定，并认定案涉项目在 2016 年 9 月 1 日之后开工建设，事实认定明显错误。"因此，执行 2003 年《环境影响评价法》第三十一条进行处罚，还是执行 2016 年《环境影响评价法》第三十一条进行处罚在判决时属未定状态，这里仅以案情中执行的 2016 年《环境影响评价法》第三十一条为例加以说明。

2016 年《环境影响评价法》第三十一条按照决定类型，设定了两类执法事项，一类是行政命令，包括责令停止建设、责令恢复原状，责令备案；另一类是行政处罚即罚款。再以实行行为等相对人方面的要件区分，可以区分出五个执法事项，分别是建设项目的环境影响评价文件（报告书、报告表）未报请批准（未报批、未重报）擅自开工建设的行政命令与行政处罚，建设项目的环境影响评价文件未经批准（未经原审批部门重新审核同意）擅自开工建设的行政处罚，建设项目环境影响登记表未依法备案的行政命令与行政处罚。在行政处罚上，与本案有关的建设项目的环境影响评价文件未报请批准擅自开工建设的行政处罚，建设项目的环境影响评价文件未经批准擅自开工建设的行政处罚相对人角度构成要件相似，决定要件内容相同，我们综合为一个执法事项，即建设项目的环境影响评价文件未经批准擅自开工建设的行政处罚，即本评析确定的关于本案的执法事项，未经批准含未报请批准，报请批准后未审批两种实行行为。（联系"2. 关于依据要件"理解）

这一事项法定的处罚内容为"处建设项目总投资额百分之一以上百分之五以下的罚款"。一个是如何认定建设项目总投资额？2018 年 8 月 27 日生态环境部、国家发展和改革委员会印发的《关于生态环境执法中建设项目"总投资额"认定问题的指导意见（试行）》（环政法〔2018〕85 号，有效期间为 2018 年 8 月 27 日起至今）基本解决了这个问题，但是案涉处罚决定是 2018 年 8 月 13 日作出的，甲市环境局在作出决定时应当就如何确定总投资额作出合理解释。另一个是如何确定百分之一到百分之五的处罚幅度，依据何在？这就涉及裁量要件问题。

关于裁量要件，在本评析"2. 关于依据要件"中已略有涉及，核心是制定、落实裁量基准问题，否则每一涉及裁量的案件都要就特定裁量给一个具体的、合理的解释，远不如直接引用裁量基准裁量便捷，更有说服力。一般而言，在执法办案时，裁量要件应当在依据、根据、证据要件中一并考虑，但为了表述方便，且涉及裁量的决定内容应当与裁量要件相对应，故在此部分论述。

在确定本案涉及的执法事项的裁量要件时，作为事项构成要件的行为结果要件应为第一裁量要件，这是法条"根据违法情节和危害后果"明定了的。这是指，以行为结果即以不可控的损害（额外损害）作为划分裁量阶次的主要根据。此外，依违法情节规定，在其他相对人角度处罚构成要件中择一至两个要件确定为裁量要件，辅助划分裁量阶次。多则不利于执法人员执行。除非法律有明确规定，不得在法定相对人角度处罚构成要件外考虑、确定裁量要件，如有的单位制定的本事项的裁量基准在无法律依据的情况下，以相对人是否配合调查作为裁量要件或者裁量因素。不得以并列关系的决定类型中前一决定类型履行情况作为后一决定类型的裁量要件，如在确定本执法事项裁量要件时，将是否依照行政命令停止了建设、恢复了原状或者其程度作为处罚的裁量要件。这两种情况既不符合逻辑也不符合法律。

裁量要件要严格在法定裁量权范围内确定，要以实体法设定的执法事项的要件为中心去确定，但是不能仅仅在执法事项要件内考虑裁量要件，也不能仅仅考虑设定特定执法事项的实体法，还必须考虑法定的执法事项要件外的裁量要件（属法律特别规定的阻却要件，较无裁量要件的特定决定，该裁量要件阻却了该决定形成），必须考虑特定执法事项决定要件类型所关涉的程序法所设定的裁量要件（既有构成要件，也有阻却要件）。本案作为处罚案件，在考虑其裁量要件时，必须结合处罚法，结合处罚法相对人角度事项要件的有关规定，兼看相对人角度事项要件外裁量要件的规定。比如，2018 年《行政处罚法》第二十七条规定，主动消除或者减轻违法行为危害后果的，应当依法从轻或者减轻行政处罚，这就为所有处罚事项设定了相对人角度事项之行为结果要件为裁量要件，在本案中就是要以额外损害为裁量要件。同条规定，配合行政机关查处违法行为有立功表现的，应当依法从轻或者减轻行政处罚，这就为所有处罚事项设定了相对人角度事项之外的立功要件为裁量要件，在本案中就是要以立功为裁量要件，当事人在案件中符合此要件，即应从轻或者减轻处罚。

　　裁量要件及其所在的裁量基准问题是一个非常复杂的问题，基于本书主旨上述仅简要提及，在思考、研究、确定、落实裁量要件及其所在的裁量基准问题时，可参考有关规定，著作和文章，在裁量基准制定方法、裁量要件确定方法上可参考《行政执法裁量基准制定的一般构成要件方法》① 等。

---

　　① 　参见本书第六章。

依现在的行政处罚法律体系，上述相对人角度事项要件在案件中通常的考虑顺序为，在罚与不罚上，首先考虑实行行为要件，在实行行为要件"有"且"是"后，考虑与实行行为相反的阻却要件（如是否轻微），之后考虑法律特别规定的阻却处罚的要件①（如是否及时改正，是否初次违法），之后考虑法律明定的与构成处罚要件（实行行为要件除外）相反的阻却要件（如是否有行为结果，本案中就是是否造成了不可控的损害；个人为当事人时是否年满14周岁等），之后在查实构成要件的过程中考虑其他与构成要件相反的阻却要件，在阻却要件全无或者不能整体满足阻却要件（比如法定三阻却要件构成不罚，案件中只满足两个），且满足构成要件的情况下，即可作出罚的判断，反之，则可作出不罚的判断。确定罚以后，再考虑怎么罚，在种类、幅度选择上，按照裁量要件的重要程度依次考虑，一般而言，法定裁量要件是重要裁量要件，根据法律推定的裁量要件为次要裁量要件。

就决定要件本身来说，本案涉及的执法事项的法条在2016年《环境影响评价法》第三十一条，主要规定了决定性质要件和决定内容要件，至于决定形式、决定根据、作出决定的执法人员、决定书要素等要件，主要由《行政处罚法》规定，这部分要件在笔者的《行政执法办案实务：要件、流程与文书》②一

---

① 为节省篇幅，法律特别规定的阻却要件除非所选案情涉及，在本书中不单独评析，但在执法办案时要特别注意。

② 夏云峰：《行政执法办案实务：要件、流程与文书》，中国法制出版社2022年版。

书中已经分析归纳，尽管这些要件是基于 2021 年《行政处罚法》分析归纳的，但对本事项、本案大部分要件都是适用的，为节省篇幅，对这部分事项要件就不再展开论述了。

从本案案情看，本案属于裁量处罚案件，但案情在对执法决定的表述中未提及裁量要件的落实情况，这也是最高人民法院撤销本案的重要原因之一，最高人民法院在判决书中的"五、关于行政处罚是否显失公正的问题"中专门论述了这个问题。

案情表明，本案的决定性质为罚款的行政处罚，内容为"对亿某公司作出总投资额 11971.16 万元的 1% 即 119.7116 万元罚款的行政处罚"，决定形式为"甲环保罚决字〔2018〕21号处罚决定书"书面形式，应为根据调查结果作出的决定，应为甲市环境局负责人作出的决定，决定书要素要件案情未完整提及。

以上共性的评析，特别是依职权执法的共性评析，以及后述共性评析，在之后的要件评析中不再重复。

三、相关规定

1. 2003 年《环境影响评价法》（有效期间为 2003 年 9月 1 日起至 2016 年 8 月 31 日止）

第三十一条 建设单位未依法报批建设项目环境影响评价文件，或者未依照本法第二十四条的规定重新报批或者报请重新审核环境影响评价文件，擅自开工建设的，由有权审批该项目环境影响评价文件的环境保护行政主管部门责令停止建设，限期补办手续；逾期不补办手续的，可以处五万元以上二十万元以下的罚款，对建设单位直接负责的主管人员和其他直接责任人员，依法给予行政处分。

建设项目环境影响评价文件未经批准或者未经原审批部门重新审核同意，建设单位擅自开工建设的，由有权审批该项目环境影响评价文件的环境保护行政主管部门责令停止建设，可以处五万元以上二十万元以下的罚款，对建设单位直接负责的主管人员和其他直接责任人员，依法给予行政处分。

海洋工程建设项目的建设单位有前两款所列违法行为的，依照《中华人民共和国海洋环境保护法》的规定处罚。

2. 2015 年《环境保护法》（有效期间为 2015 年 1 月 1 日起至今）

第二条 本法所称环境，是指影响人类生存和发展的各种天然的和经过人工改造的自然因素的总体，包括大气、水、海洋、土地、矿藏、森林、草原、湿地、野生生物、自然遗迹、人文遗迹、自然保护区、风景名胜区、城市和乡村等。

第十条 国务院环境保护主管部门，对全国环境保护工作实施统一监督管理；县级以上地方人民政府环境保护主管部门，对本行政区域环境保护工作实施统一监督管理。

县级以上人民政府有关部门和军队环境保护部门，依照有关法律的规定对资源保护和污染防治等环境保护工作实施监督管理。

第十九条 编制有关开发利用规划，建设对环境有影响的项目，应当依法进行环境影响评价。

未依法进行环境影响评价的开发利用规划，不得组织实施；未依法进行环境影响评价的建设项目，不得开工建设。

第六十一条 建设单位未依法提交建设项目环境影响评价文件或者环境影响评价文件未经批准，擅自开工建设的，由负有环境保护监督管理职责的部门责令停止建设，处以罚款，并可以责令恢复原状。

3. 2016 年《环境影响评价法》（有效期间为 2016 年 9 月 1 日起至 2018 年 12 月 28 日止）

第十六条 国家根据建设项目对环境的影响程度，对建设项目的环境影响评价实行分类管理。

建设单位应当按照下列规定组织编制环境影响报告书、环境影响报告表或者填报环境影响登记表（以下统称环境影响评价文件）：

（一）可能造成重大环境影响的，应当编制环境影响报告书，对产生的环境影响进行全面评价；

（二）可能造成轻度环境影响的，应当编制环境影响报告表，对产生的环境影响进行分析或者专项评价；

（三）对环境影响很小、不需要进行环境影响评价的，应当填报环境影响登记表。

建设项目的环境影响评价分类管理名录，由国务院环境保护行政主管部门制定并公布。

第二十二条 建设项目的环境影响报告书、报告表，由建设单位按照国务院的规定报有审批权的环境保护行政主管部门审批。

海洋工程建设项目的海洋环境影响报告书的审批，依照《中华人民共和国海洋环境保护法》的规定办理。

审批部门应当自收到环境影响报告书之日起六十日内，收到环境影响报告表之日起三十日内，分别作出审批决定并书面通知建设单位。

国家对环境影响登记表实行备案管理。

审核、审批建设项目环境影响报告书、报告表以及备案环境影响登记表，不得收取任何费用。

第二十三条 国务院环境保护行政主管部门负责审批下列建设项目的环境影响评价文件：

（一）核设施、绝密工程等特殊性质的建设项目；

（二）跨省、自治区、直辖市行政区域的建设项目；

（三）由国务院审批的或者由国务院授权有关部门审批的建设项目。

前款规定以外的建设项目的环境影响评价文件的审批权限，由省、自治区、直辖市人民政府规定。

建设项目可能造成跨行政区域的不良环境影响，有关环境保护行政主管部门对该项目的环境影响评价结论有争议的，其环境影响评价文件由共同的上一级环境保护行政主管部门审批。

第二十四条 建设项目的环境影响评价文件经批准后，建设项目的性质、规模、地点、采用的生产工艺或者防治污染、防止生态破坏的措施发生重大变动的，建设单位应当重新报批建设项目的环境影响评价文件。

建设项目的环境影响评价文件自批准之日起超过五年，方决定该项目开工建设的，其环境影响评价文件应当报原审批部门重新审核；原审批部门应当自收到建设项目环境影响评价文件之日起十日内，将审核意见书面通知建设单位。

第二十五条 建设项目的环境影响评价文件未依法经审批部门审查或者审查后未予批准的，建设单位不得开工建设。

第三十一条 建设单位未依法报批建设项目环境影响报告书、报告表，或者未依照本法第二十四条的规定重新报批或者报请重新审核环境影响报告书、报告表，擅自开工建设的，由县级以上环境保护行政主管部门责令停止建设，根据违法情节和危害后果，处建设项目总投资额百分之一以上百分之五以下的罚款，并可以责令恢复原状；对建设单位直接负责的主管人员和其他直接责任人员，依法给予行政处分。

建设项目环境影响报告书、报告表未经批准或者未经原审批部门重新审核同意，建设单位擅自开工建设的，依照前款的规定处罚、处分。

建设单位未依法备案建设项目环境影响登记表的，由县级以上环境保护行政主管部门责令备案，处五万元以下的罚款。

海洋工程建设项目的建设单位有本条所列违法行为的，依照《中华人民共和国海洋环境保护法》的规定处罚。

四、法院裁判文书

中华人民共和国最高人民法院
行 政 判 决 书①

（2021）最高法行再 248 号

再审申请人（一审原告、二审被上诉人）：海南亿某城建投资有限公司。

被申请人（一审被告、二审上诉人）：海南省甲市人民政府。

被申请人（一审被告）：海南省甲市生态环境局。

再审申请人海南亿某城建投资有限公司（以下简称亿某公司）因诉被申请人海南省甲市生态环境局（原海南省甲市生态环境保护局，以下简称甲市环境局）、海南省甲市人民政府（以下简称甲市政府）罚款及行政复议一案，不服海南省高级人民法院（2020）琼行终 207 号行政判决，向本院申请再审。本院于 2021 年 6 月 18 日作出（2021）最高法行申 909 号行政裁定依法提审本

---

① 参见中国裁判文书网，https://wenshu.court.gov.cn/website/wenshu/181107ANFZ0 BXSK4/index.html? docId=576051571c584f8c8517adb201101310，最后访问时间：2023 年 9 月 7 日。

案。提审后，依法组成合议庭进行了审理，现已审理终结。

海南省第一中级人民法院一审查明，山某天大道项目（以下简称案涉项目）是甲市政府投资建设的市政道路工程，甲市政府设立铜某岭国际生态旅游区项目指挥部（以下简称铜某岭指挥部）作为开发执行机构，亿某公司为项目的建设业主单位。

2016年3月31日，亿某公司获得案涉项目的《建设项目选址意见书》，同年5月6日获得《建设用地规划许可证》，11月3日获得《建设工程规划许可证》。2016年11月18日，甲市发展和改革委员会作出《关于海南甲市铜某岭国际生态旅游区市政工程——山某天大道项目初步设计及概算的批复》，确定案涉项目道路总全长1003.1米，概算总投资为11971.16万元，由甲市政府与亿某公司按土地成片开发协议规定筹资。2017年3月30日，亿某公司获得案涉项目的《建筑工程施工许可证》，证载合同工期一栏标注开工日期为2016年12月30日。

2017年10月13日，甲市环境局对案涉项目进行检查，制作了现场照片，并与亿某公司员工陈某某制作了《现场检查（勘查）笔录》。2017年10月17日，甲市环境局对亿某公司员工李某制作了《询问笔录》。甲市环境局调查后，认为案涉项目的环境影响报告表未经环保部门审批，亿某公司便开工建设，遂于2017年11月9日作出《责令改正违法行为决定书》，责令亿某公司停止案涉项目的建设，并于次日送达该决定书。2018年3月27日，甲市环境局向亿某公司送达甲环保罚告字〔2018〕12号《行政处罚事先（听证）告知书》，告知亿某公司拟对其处以总投资额 11971.16 万元的 1% 即 119.7116 万元的罚款及亿某公司在收到告知书三日内可申请举行听证。亿某公司于 2018 年 3 月 29 日提出听证申请，甲市环境局于 2018 年 7 月 20 日召开听证会，亿某公司委托李某、徐某某参加了听证会。甲市环境局于 2018 年 8 月 13 日召开听证会审会，同日作出甲环保罚决字〔2018〕21 号处罚决定书（以下简称 21 号处罚决定），认定案涉项目未经环保部门审批，擅自开工建设，违反了《中华人民共和国环境保护法》（以下简称《环境保护法》）第十九条、《中华人民共和国环境影响评价法》〔2016 年 7 月 2 日修订通过，自 2016 年 9 月 1 日起施行，以下简称《环境影响评价法》（2016）〕第二十五条的规定，并根据《环境保护法》第六十一条、《环境影响评价法》（2016）第三十一条第一款的规定，决定对亿某公司作出总投资额 11971.16 万元的 1% 即 119.7116 万元罚款的行政处罚。2018 年 8 月 14 日，甲市环境局向亿某公司送达了 21 号处罚决定。

2018 年 10 月 10 日，亿某公司向甲市政府提起行政复议。甲市政府于 2018 年 10 月 15 日受理，并于 2018 年 10 月 18 日向亿某公司送达《行政复议受理通知书》，2018 年 10 月 29 日向甲市环境局送达《行政复议答复通知书》。甲市政府于 2018 年 12 月 7 日召开案件讨论会议，于 2018 年 12 月 11 日作出甲府复决字〔2018〕37 号行政复议决定书（以下简称 37 号复议决定），认为根据《建设项目环境影响评价分类管理名录》的规定，案涉项目属于环境影响报告表类别，案涉项目未依法向环保部门报批环境影响报告表，便擅自开工建设，违反了《环境保护法》第十九条、《环境影响评价法》（2016）第二十五条的规定，甲市环境局对亿某公司处以项目总投资额1%的罚款符合上述法律规定；亿某公司工作人员在调查时已明确案涉项目于2017年3月开始动工建设，《建筑工程施工许可证》上的开工日期亦为2016年12月30日，足以证明案涉工程的开工时间为2016年9月1日之后，亿某公司主张不能适用2016年修订后的《环境影响评价法》作出处罚缺乏依据；甲市环境局作出行政处罚的程序合法，故决定维持21号处罚决定。2018年12月14日，甲市政府向亿某公司送达了37号复议决定。

铜某岭指挥部于2019年4月30日出具《关于铜某岭旅游区内彩虹大道宝陵河段及山某天大道项目建设情况的说明》（以下简称《情况说明》），载明：为保障2016年丙镇区道路通行，甲市铜某岭国际生态旅游区内彩虹大道宝陵河段及山某天大道项目提前开工建设，亿某公司自2015年9月起开展对两条道路的土石方施工作业，两条道路在2016年6月完成路基垫层及级配碎石施工，具备基本通行条件。2016年9月20日，丙彩虹大道宝陵河段至山某天大道交界处路段已实现贯通。

海南省第一中级人民法院一审认为，本案的审查焦点为21号处罚决定、37号复议决定是否合法。

一、关于21号处罚决定是否合法的问题

（一）21号处罚决定认定的事实是否清楚

甲市环境局认定亿某公司未经环保部门审批，擅自开工建设的事实，主要依据是《现场检查（勘查）笔录》、现场照片、《询问笔录》及《建筑工程施工许可证》。《现场检查（勘查）笔录》、现场照片因制作程序不规范，其合法性不予采纳，不能作为 21 号处罚决定认定事实的依据。《建筑工程施工许可证》上载明的开工时间为 2016 年 12 月 30 日，但该时间是否为实际开工时间需进一步确认。李某虽系亿某公司的员工，但其工作内容为案涉项目的环评手续的申报，并非亿某公司负责案涉项目施工的人员，李某对开工时间的陈述亦需进一步通过调查核实确认。根据铜某岭指挥部出具的《情况说明》，亿某公司为保障 2016 年丙镇区道路通行，自 2015 年 9 月起便开始对彩虹大道宝陵河段及山某天大道项目提前开工建设，两条道路在 2016 年 6 月前已完成路基垫层及级配碎石施工。铜某岭指挥部作为案涉项目的开发执行机构，对案涉项目的开发建设情况最为清楚，甲市环境局在未对案涉项目的开工建设情况进行全面调查的情况下，仅凭《询问笔录》及《建筑工程施工许可证》便认定亿某公司擅自开工的事实不清。亿某公司按甲市政府要求，积极组织推进道路建设前期手续办理及施工筹备工作，先后完成了案涉项目建议书批复、选址意见书、用地预审、用地规划许可证、可研批复、初步设计与概算批复、工程规划许可证、施工证等前期手续工作，亿某公司亦正在抓紧办理相关的环评手续，亿某公司虽提前对案涉项目开工建设，亦是为了响应政府要求保障 2016 年丙镇区道路通行的要求，并非擅自开工建设。案涉项目是甲市政府投资建设的市政道路工程，政府在案涉项目办理环评手续上亦应履行自己的协助和督促义务，案涉项目尚未取得环境影响报告表的原因是否在亿某公司，甲市环境局亦未对此进行调查。综上，一审法院认为甲市环境局认定亿某公司擅自对案涉项目开工建设的依据不足，该事实认定不清。

（二）21 号处罚决定适用法律是否正确

根据本案查明的事实，亿某公司自 2015 年 9 月起便开始对案涉工程进行施工，该行为发生于《环境影响评价法》（2016）施行之前，行政相对人的行为发生在新法施行以前，具体行政行为作出在新法施行以后，人民法院审查具体行政行为的合法性时，实体问题应适用旧法规定，除非法律、法规或规章另有规定，或适用新法对保护行政相对人的合法权益更为有利的，或是按照具体行政行为的性质应当适用新法的实体规定的。本案应适用 2002 年 10 月 28 日通过，自 2003 年 9 月 1 日起施行的《中华人民共和国环境影响评价法》［以下简称《环境影响评价法》（2002）］，甲市环境局适用《环境影响评价法》（2016）属法律适用错误。

（三）21 号处罚决定的程序是否合法

甲市环境局在作出 21 号处罚决定前，按照《中华人民共和国行政处罚法》［2017 年 9 月 1 日修订通过，自 2018 年 1 月 1 日起施行，以下简称《行政处罚法》（2017）］的规定，进行了调查询问、现场勘验，向亿某公司送达了《行政处罚事先（听证）告知书》，告知作出行政处罚决定的事实、理由、依据及可申请进行听证，并在收到亿某公司的听证申请后向亿某公司送达了《行政处罚听证通知书》，提前七日通知听证的时间和地点，甲市环境局作出行政处罚的程序合法。

综上，甲市环境局作出的 21 号处罚决定程序虽合法，但认定事实不清，证据不足，适用法律错误，应予撤销。

二、关于 37 号复议决定是否合法的问题

《中华人民共和国行政复议法》（以下简称《行政复议法》）第二十二条规定，行政复议原则上采取书面审查。甲市政府受理亿某公司提出的行政复议申请后，根据《行政复议法》第二十三条的规定，要求甲市环境局作出书面答复，并提交作出行政处罚决定书的依据。甲市政府对亿某公司提出的复议申请进行书面审查后作出 37 号复议决定并送达，程序合法。因 21 号处罚决定在认定事实和适用法律上均存在错误，故 37 号复议决定应一并予以撤销。

海南省第一中级人民法院于 2019 年 9 月 20 日作出（2019）琼 96 行初 77 号行政判决，依据《中华人民共和国行政诉讼法》第七十条第一款第一项、第二项的规定，判决：撤销 21 号处罚决定、37 号复议决定。甲市政府不服一审判决，提起上诉。

海南省高级人民法院二审查明的事实与一审判决查明的事实一致。

海南省高级人民法院二审认为，关于 21 号处罚决定是否合法的问题。根据案件查明的事实，案涉项目是甲市政府投资建设的市政道路工程，亿某公司为该项目的建设业主单位，由亿某公司垫资负责该项目的建设。2016 年 2 月 29 日，甲市发展和

改革委员会作出《关于山某天大道项目建议书的批复》（文发改审批〔2016〕45 号），同意亿某公司对案涉项目进行建设。因此，亿某公司作为案涉项目的建设单位，依法应当由其办理相应的环境影响评价审批手续。案涉项目位于甲市铜某岭国际生态旅游区云梯宝陵河片区，道路全长 1003.1 米，道路等级为区内主干道，项目总投资为 11971.16 万元。依照《建设项目环境影响评价分类管理名录》的规定，属于应当报批建设项目环境影响报告表的类别。根据亿某公司就案涉项目取得的《建筑工程施工许可证》、结合甲市环境局制作的《现场检查（勘查）笔录》和《询问笔录》等材料，可以认定案涉项目的开工时间在 2016 年 9 月 1 日之后，但截至 2017 年 10 月 13 日甲市环境局检查时，亿某公司仍未办理相应的环境影响评价审批手续。甲市环境局认定案涉项目未经环保部门审批，擅自开工建设的事实清楚。甲市环境局根据上述事实，认定亿某公司的行为违反《环境保护法》第十九条、《环境影响评价法》（2016）第二十五条的规定，并根据《环境保护法》第六十一条、《环境影响评价法》（2016）第三十一条第一款的规定，对亿某公司作出总投资额 11971.16 万元的 1% 即 119.71 万元罚款的行政处罚，适用法律正确。《环境影响评价法》（2016）自 2016 年 9 月 1 日起施行，即使亿某公司所主张的案涉项目在 2016 年 9 月 1 日前已开工，但截至 2017 年 10 月 13 日甲市环境局检查时，亿某公司仍未办理相应的环评手续，其违法行为一直处于持续状态。甲市环境局适用《环境影响评价法》（2016）的规定进行处罚，适用法律并无不当。故 21 号处罚决定认定事实清楚，适用法律正确。甲市环境局作出 21 号处罚决定前，按照《行政处罚法》(2017) 的规定，依法进行了现场勘查、调查询问、向亿某公司送达了《行政处罚事先（听证）告知书》，告知作出行政处罚的事实、理由、依据及其具有申请听证的权利。随后，根据亿某公司的申请，甲市环境局依法组织了听证，听取亿某公司的陈述和申辩，并作出 21 号处罚决定，甲市环境局作出处罚决定的程序合法。故 21 号处罚决定事实清楚，适用法律正确，程序合法。

关于 37 号复议决定是否合法的问题。甲市政府受理复议申请后，根据《行政复议法》第二十三条的规定，要求甲市环境局作出书面答复，并提交行政处罚的依据。甲市政府对亿某公司提出的复议申请进行书面审查，并经集体讨论后，认定案涉项目属于环境影响报告表类别，案涉项目未依法向环保部门报批环境影响报告表，便擅自开工建设，违反了《环境保护法》第十九条、《环境影响评价法》(2016) 第二十五条的规定，甲市环境局根据《环境保护法》第六十一条、《环境影响评价法》(2016) 第三十一条第一款的规定作出 21 号处罚决定符合法律规定；此外，甲市环境局的处罚程序亦合法。据此，甲市政府作出 37 号复议决定，维持了 21 号处罚决定，并送达各方。故 37 号复议决定认定事实清楚，适用法律正确，程序合法。综上，一审判决认定基本事实清楚，审理程序合法，但适用法律错误，判决结果不当，予以纠正。甲市政府的上诉请求和理由成立，予以支持。

海南省高级人民法院于 2020 年 5 月 6 日作出（2020）琼行终 207 号行政判决，依照《中华人民共和国行政诉讼法》第八十九条第一款第二项、第三款，第六十九条之规定，判决：撤销海南省第一中级人民法院（2019）琼 96 行初 77 号行政判决；驳回海南亿某城建投资有限公司的诉讼请求。

亿某公司向本院申请再审称：1. 二审法院认定"山某天大道项目的开工时间在 2016 年 9 月 1 日之后"，证据不足、事实认定错误。2. 关于开工时间问题。铜某岭指挥部出具的《情况说明》提到亿某公司自 2015 年 9 月起配合组织施工单位进场开展两条道路的土石方施工作业，在 2016 年 6 月，具备基本通行条件。3. 关于亿某公司是否办理环境影响评价审批手续问题。在案涉项目建设之初，亿某公司已经委托海南某亚生态环境工程咨询有限公司编制《环境影响报告书》向海南省生态环境厅申报环评手续，海南省生态环境厅还于 2016 年 8 月 11 日委托海南省环境科学研究院召开了技术评审会，其中甲市环境局副局长参加了评审会。但海南省生态环境厅提出环保部拟出台的《建设项目环境影响评价分类管理名录》，市政道路评价等级由环境影响报告书更改为环境影响报告表，审批部门也由省厅级别调整为当地市局，因此未接收申请人的材料，而等上述文件生效后，申请人又根据要求编制《环境影响报告表》向甲市环境局申请审批，该局才发现案涉项目未办理环评审批，不接收申请人的申请材料。而后开展案涉的行政处罚调查。这一事实甲市环境局在二审的庭审过程中明确确认。因此二审法院认定申请人未办理审批手续这一事实明显错误。4. 本案中，在 2016 年 9 月 1 日之前，案涉项目已经开始建设并完成，再适用修改后的《环境影响评价法》（2016）对申请人进行处罚，明显适用法律错误。5. 案涉项目建设不会对环境造成任何损害，甲市环境局未区分情节、危害后果一概给予大额处罚，显然不当。6. 2020 年 12 月 25 日，甲市环境局在诉讼后向甲市政府作出《甲市生态环境局关于批复山某天大道项目环境影响报告表的函》（甲环函〔2020〕524 号），该函件的主要内容包括"你单位报送的《山某天大道项目环境影响报告表》及相关承诺书等有关材料收悉……我局原则同意该项目按《报告表》所列建设项目的性质、规模、建设地点以及拟采取的环境保护措施进行建设……"7. 根据《海南省政府投资项目管理办法》第八条规定，案涉项目作为政府投资的市政工程，政府部门作为项目单位应对整个项目建设承担责任。案涉项目是丙镇政府作为法人业主单位，项目建设管理责任应由法人业主单位承担，而且甲市环境局最终也是向丙镇政府作出了环评批复。因此 21 号处罚决定处罚亿某公司属处罚对象错误。综上，请求法院依法再审提审本案，撤销二审判决，改判维持一审判决。

甲市环境局述称：1. 亿某公司确实存在未经环保部门审批，擅自开工建设的违法事实。2. 无论案涉项目动工时间是在 2016 年 9 月 1 日之前还是之后，违法事实一直处于持续状态，不影响对违法事实的认定。3. 案涉行政处罚程序合法。4. 结合《现场检查（勘查）笔录》《询问笔录》以及《建筑工程施工许可证》，可以证实案涉项目于 2016 年 9 月 1 日后开工建设。所以适用《环境影响评价法》（2016）第三十一条处罚，适用法律正确。5. 即便案涉道路是市政道路，但是亿某公司未批先建，违背了环境立法的初衷，不能作为对其行为减轻或不予处罚的合理事由。案涉行政处罚金额已经按照总投资额的 1% 从轻处罚，裁量适当。请求驳回亿某公司的再审申请。

甲市政府提交答辩意见称：1. 结合调查询问以及《建设工程施工许可证》，完全可以证明案涉项目的开工时间在 2016 年 9 月 1 日之后。甲市环境局依据《环境保护法》第六十一条、《环境影响评价法》（2016）第三十一条第一款的规定作出的 21 号处罚决定适用法律正确，处罚程序合法。2. 案涉行政复议程序合法，认定事实清楚，适用法律正确。请求驳回亿某公司的再审请求。

结合被诉行政处罚决定、行政复议决定及一、二审判决认定与当事人的诉辩意见，本院对本案争议焦点分述如下：

一、关于未批先建责任主体与处罚对象问题

《环境保护法》第六十一条规定："建设单位未依法提交建设项目环境影响评价文件或者环境影响评价文件未经批准，擅自开工建设的，由负有环境保护监督管理职责的部门责令停止建设，处以罚款，并可以责令恢复原状。"《建设项目环境保护管理条例》（1998 年 11 月 29 日施行）第九条第一款规定："建设单位应当在建设项目可行性研究阶段报批建设项目环境影响报告书、环境影响报告表或者环境影响登记表；但是，铁路、交通等建设项目，经有审批权的环境保护行政主管部门同意，可以在初步设计完成前报批环境影响报告书或者环境影响报告表。"《建设项目环境保护管理条例》（2017 年 10 月 1 日施行）第九条第一款规定："依法应当编制环境影响报告书、环境影响报告表的建设项目，建设单位应当在开工建设前将环境影响报告书、环境影响报告表报有审批权的环境保护行政主管部门审批；建设项目的环境影响评价文件未依法经审批部门审查或者审查后未予批准的，建设单位不得开工建设。"

现有证据证实，案涉项目较为特殊，建设参与主体多元。该项目系甲市政府投资建设的市政道路工程，甲市政府设立铜某岭指挥部作为项目的开发执行机构，亿某公司为项目的建设业主单位，丙镇政府也承担部分业主单位责任。本案中，甲市环境局以亿某公司没有依法办理环境影响评价文件审批手续为由对其处罚，但事后甲市环境局又对丙镇政府报送的环境影响评价报告表作出批复。因此，亿某公司是否属于《环境保护法》等法律法规规定所指的"建设单位"，甲市政府及其设立的铜某岭指挥部、丙镇政府以及亿某公司是否均属有义务申请办理环境影响评价文件审批手续的责任主体，存在相互冲突的证据。甲市环境局将亿某公司作为未批先建的责任主体和处罚对象的事实不清，且未作出合理说明。

二、关于案涉项目违法开工建设时间问题

《行政处罚法》（2017）第三十六条规定，除本法第三十条规定的可以当场作出的行政处罚外，行政机关发现公民、法人或者其他组织有依法应当给予行政处罚的行为的，必须全面、客观、公正地调查，收集有关证据；必要时，依照法律、法规的规定，可以进行检查。

铜某岭指挥部出具的《情况说明》证实，亿某公司自 2015 年 9 月起开展案涉项目道路土石方施工作业，2016 年 6 月完成路基垫层及级配碎石施工，具备基本通行条件。上述证据与经公证的当地相关新闻报道能够相互印证。甲市环境局 21 号处罚决定与甲市政府 37 号复议决定，违反《行政处罚法》（2017）第三十六条规定，未能全面、客观、公正地调查收集有关证据，片面采信《询问笔录》和《建筑工程施工许可证》，错误将《建筑工程施工许可证》所载开工日期作为实际开工建设日期，违反调查取证规则，认定事实明显错误。

三、关于是否存在因上级机关原因而耽误报批的问题

《行政处罚法》（2017）第三十二条规定"当事人有权进行陈述和申辩。行政机关必须充分听取当事人的意见，对当事人提出的事实、理由和证据，应当进行复核；当事人提出的事实、理由或者证据成立的，行政机关应当采纳"。根据《建设项目环境影响评价分类管理名录》（2015 年 6 月 1 日施行）第 2 条规定，案涉项目应当编制环境影响评价报告书并报海南省生态环境厅审批。根据 2017 年 9 月 1 日实施的《建设项目环境影响评价分类管理名录》附表第 157 项"等级公路"的相关规定，案涉项目应当编制环境影响登记表并报甲市环境局审批。可见，

2017 年 9 月 1 日前后相应的审批机关与审批要求均发生变化。亿某公司陈述其主观上并不存在违法故意，并称其委托海南某亚生态环境工程咨询有限公司编制了《环境影响报告书》，还曾向海南省生态环境厅申报环评手续，海南省生态环境厅于 2016 年 8 月 11 日委托海南省环境科学研究院召开了技术评审会，甲市环境局副局长也参加了评审会，但被告知环评文件分类和相应的审批权限将调整，被要求在新规实施后再办理相应的报批手续。上述事实是否存在、是否构成审批机关变更原因、是否属于从轻或者减轻甚至免予处罚的情节，直接影响是否应当追究亿某公司违法责任及责任程度。甲市环境局应按照《行政处罚法》的规定对亿某公司提出的事实、理由和证据进行复核；事实、理由或者证据成立的，应当采纳；不予采纳的，也应说明理由。

四、关于新旧《环境影响评价法》的适用问题

《环境影响评价法》（2002）第三十一条规定："建设单位未依法报批建设项目环境影响评价文件，或者未依照本法第二十四条的规定重新报批或者报请重新审核环境影响评价文件，擅自开工建设的，由有权审批该项目环境影响评价文件的环境保护行政主管部门责令停止建设，限期补办手续；逾期不补办手续的，可以处五万元以上二十万元以下的罚款，对建设单位直接负责的主管人员和其他直接责任人员，依法给予行政处分。建设项目环境影响评价文件未经批准或者未经原审批部门重新审核同意，建设单位擅自开工建设的，由有权审批该项目环境

影响评价文件的环境保护行政主管部门责令停止建设，可以处五万元以上二十万元以下的罚款，对建设单位直接负责的主管人员和其他直接责任人员，依法给予行政处分。"《环境影响评价法》（2016）第三十一条规定："建设单位未依法报批建设项目环境影响报告书、报告表，或者未依照本法第二十四条的规定重新报批或者报请重新审核环境影响报告书、报告表，擅自开工建设的，由县级以上环境保护行政主管部门责令停止建设，根据违法情节和危害后果，处建设项目总投资额百分之一以上百分之五以下的罚款，并可以责令恢复原状；对建设单位直接负责的主管人员和其他直接责任人员，依法给予行政处分。建设项目环境影响报告书、报告表未经批准或者未经原审批部门重新审核同意，建设单位擅自开工建设的，依照前款的规定处罚、处分。"根据案涉项目的总投资额，适用旧法处罚较轻，适用新法处罚较重。环境保护部《关于建设项目"未批先建"违法行为法律适用问题的意见》（环政法函〔2018〕31号）明确规定："建设项目于2016年9月1日后开工建设，或者2016年9月1日之前已经开工建设且之后仍然进行建设的，立案查处的环保部门应当适用新环境影响评价法第三十一条的规定进行处罚，不再依据修正前的环境影响评价法作出'限期补办手续'的行政命令。"由此可见，《环境影响评价法》（2016）修改前后的处罚内容与处罚幅度存在明显区别，法律适用结果差异巨大。

现有证据能够证明在2016年6月，案涉项目已经开工建设并具备基本通行条件。本案应适用修改前还是修改后的《环境影响评价法》，关键在于案涉项目是否属于环境保护部《关于建设项目"未批先建"违法行为法律适用问题的意见》中"2016年9月1日之前已经开工建设且之后仍然进行建设"的项目。因此，案涉项目2016年9月1日之前是否已经开工建设并完成主体建设、之后是否仍然进行建设以及与之前开工建设的关系，既影响新旧《环境影响评价法》的选择适用问题，也可能影响行政处罚幅度裁量，必须予以查明。但甲市环境局对新法实施前后违法建设完成情况未予调查认定，并认定案涉项目在2016年9月1日之后开工建设，事实认定明显错误。

五、关于行政处罚是否显失公正的问题

《行政处罚法》（2017）第五条规定："实施行政处罚，纠正违法行为，应当坚持处罚与教育相结合，教育公民、法人或者其他组织自觉守法。"第二十七条规定："当事人有下列情形之一的，应当依法从轻或者减轻行政处罚：（一）主动消除或者减轻违法行为危害后果的；……（四）其他依法从轻或者减轻行政处罚的。违法行为轻微并及时纠正，没有造成危害后果的，不予行政处罚。""过罚相当"原则要求，行使行政处罚自由裁量权，必须以事实为依据，处罚种类和幅度应当与当事人违法过错程度相适应，与环境违法行为的性质、情节以及社会危害程度相当。案涉项目未取得环境影响评价审批即开工建设属实，但甲市环境局21号处罚决定未衡量事实原因、责任过错、违法情节和危害程度等因素，作出的处罚及确定的处罚幅度，裁量依据不足。

综上，21 号处罚决定基本事实不清、主要证据不足，选择适用法律及确定处罚幅度未依法说明理由，依法应予撤销。37 号复议决定错误维持应予撤销的行政处罚决定，应予撤销。二审判决错误支持 21 号处罚决定和 37 号复议决定，应予一并撤销。一审判决虽然正确认定开工建设时间，但未查清案涉项目新法实施后是否继续建设与新法实施前后的工程量比例等事实，未参考环境保护部《关于建设项目"未批先建"违法行为法律适用问题的意见》，也未说明不予适用该意见的原因与理由，简单以开工建设日期即适用 2016 年修订前《环境影响评价法》进行裁判，构成适用法律错误，亦应一并撤销。因案涉项目未批先建事实存在，甲市环境局有权依法重新调查处理。在重新调查处理期间，应按照 2021 年 1 月 22 日修订，自 2021 年 7 月 15 日起施行的《中华人民共和国行政处罚法》第五十四条的规定，必须依法全面、客观、公正地调查收集有关证据，准确认定事实，包括环评申报主体、开工及竣工时间、环评手续申报流程、未批先建中的企业原因与政府原因、对环境的现实危害后果等，充分考虑违法情形和环境影响评价制度的设立目的，遵守法定程序，正确适用法律，并遵循"处罚和教育相结合"与"过罚相当"原则，依法作出处理。

综上，依照《中华人民共和国行政诉讼法》第七十条第一项、第八十九条第一款第二项、《最高人民法院关于适用〈中华人民共和国行政诉讼法〉的解释》第一百一十九条第一款、第一百二十二条之规定，判决如下：

一、撤销海南省高级人民法院（2020）琼行终 207 号行政判决和海南省第一中级人民法院（2019）琼 96 行初 77 号行政判决；

二、撤销海南省甲市人民政府甲府复决字〔2018〕37 号行政复议决定；

三、撤销海南省甲市生态环境局甲环保罚决字〔2018〕21 号行政处罚决定；

四、责令海南省甲市生态环境局依法重新调查处理。

一、二审案件受理费共计 100 元，由海南省甲市人民政府及海南省甲市生态环境局共同负担。

本判决为终审判决。

第二章 行政征收补偿案

——甲市乙区人民政府对马某某
自建（无证）房屋征收补偿案

一、基本案情

2004 年 1 月 9 日，某建筑工程公司与某建筑职业技术学院（以下简称建筑职业学院）签订《土地使用权转让合同》，某建筑工程公司将其所有的位于甲市乙区××街道××村 40158 平方米国有土地使用权连同该宗地上的平房住宅 29 栋转让给建筑职业学院。甲市人民政府于 2005 年 10 月 29 日将上述国有土地使用权划拨给建筑职业学院用于新校区的扩建，于 2010 年 11 月 18 日给建筑职业学院颁发了《国有土地使用证》。2016 年 12 月 5 日，乙区政府作出《征收决定》，对建筑职业学院新校区扩建项目建设范围内房屋及附属物进行征收，房屋征收部门为甲市乙区人民政府房屋征收与补偿办公室（以下简称乙区政府征补办）；征收实施单位为甲市乙区城市管理行政执法局（以下简称乙区城管执法局）；补偿安置方式为：住宅房屋实行货币补偿或现房产权调换，由被征收人自愿选择；非住宅房屋实行货币补偿。签约期限为评估机构选定结果公布之日起第 7 天开始的 20

日内。该决定还对奖励标准及期限、诉讼及强制搬迁等事宜予以确定。同日，乙区政府作出《征收公告》，对《征收决定》内容进行了公布，并将《征收公告》在征收范围内予以张贴告知。马某某（1966年生）位于乙区××号的自建房屋在征收范围内，该房屋系依赖公租房自行搭建，无房屋所有权证。

2016年12月6日，乙区城管执法局、乙区政府征补办和建筑职业学院就该院新校区扩建项目征收补偿事宜召开会议。会议就征收补偿过程中存在的征收房价格、自建房与公租房的评估差异、商铺的定价等问题形成决议，主要内容为：公租房和建筑职业学院安置房均按完全产权进行评估；自建房评估应在被征收房屋完全产权的评估基础上权益修正20%进行评估；破墙开店用于经营的原公租房按商铺评估，但私自搭建的后厨、操作间、员工宿舍等按照公租房评估；建筑职业学院自愿放弃30%的权益补贴给被征收人。乙区城管执法局组织征收范围内的被征收人协商选择评估机构。2016年12月8日，乙区政府征补办作出《关于某建筑职业技术学院新校区扩建项目评估机构选定结果及签约期限的通告》，确定丙房地产估价公司为案涉项目房屋征收评估机构，签约期限为2016年12月14日至2017年1月2日。2016年12月13日，乙区政府在《某市晚报》上刊登了《征收公告》。受乙区城管执法局委托，丙房地产估价公司于2016年12月16日就马某某位于乙区××号的房屋作出《房屋征收价值评估分户表（初始）》。该表的主要内容为：房屋结构为砖木；建成年代为1956年；对建筑面积为40平方米的有证房屋评估单价为 8665 元/平方米、房屋评估价为 346600 元，对建筑面积为 82.46 平方米的无证房屋评估单价为 3397 元/平方米、房屋评估价为 280117 元。马某某于 2017 年 1 月 19 日领取了《房屋征收价值评估分户表（初始）》。受乙区城管执法局委托，丙房地产估价公司于 2016 年 12 月 18 日作出丙估字（2016）第 8089 号《估价报告书》，案涉项目征收范围内住宅楼房标准价为 4750 元/平方米，临街住宅一楼商铺标准价为 9210 元/平方米。

因马某某与房屋征收实施单位在签约期限内未达成安置补偿协议，乙区政府于 2017 年 1 月 17 日作出《补偿决定》，于 2017 年 1 月 19 日通过公证送达的方式向马某某进行了送达。该决定的主要内容为：房屋结构为砖木，用途为营业，入户实测自建（无证）建筑面积 82.46 平方米。经丙房地产估价公司评估，房屋评估价格为 3397 元/平方米。被征收房屋货币补偿金额为 364152 元（在评估价 280117 元的基础上，上浮 30%）；马某某的搬迁费、临时安置补助费、被征收房屋装修及附属物补偿费，由房屋征收实施单位按照征收补偿方案及相关文件规定结算；马某某在该补偿决定公告之日起 15 日内与房屋征收实施单位签订《房屋征收补偿安置协议》，将房屋交付房屋征收实施单位拆除。该补偿决定还告知马某某申请行政复议或提起行政诉讼的权利、期限及强制执行等事项。马某某不服，提起本案诉讼，请求撤销《补偿决定》并判令乙区政府重新作出合法的行政行为。以上事实有《土地使用权转让合同》、甲市人民政府甲政建〔2005〕69 号《关于给某建筑职业技术学院划拨学校扩建用地的批复》、甲国用（2010）第 02336 号《国有土地使用证》、《征收决定》、《征收公告》、乙区城管执法局〔2016〕7号《局务会议纪要》、《评估机构选择表》、乙区政府征补办《关于某建筑职业技术学院新校区扩建项目评估机构选定结果及签约期限的通告》、2016 年 11 月 13 日的《某市晚报》、丙房地产估价公司《房屋征收价值评估分户表（初始）》、《某建筑职业学院新校区扩建项目房屋评估报告申领表》、丙房地产估价公司丙估字（2016）第 8089 号《估价报告书》、《补偿决定》等在卷佐证。

二、要件评析

本案为依职权的行政征收房屋补偿案件，笔者在上一本书《行政执法办案实务：要件、流程与文书》① 中并未分析归纳行政征收事项要件要素，下面结合本案，重点分析归纳本案涉及的征收补偿国有土地上房屋执法事项、案件要件。

1. 关于组织要件

依据 2011 年《国有土地上房屋征收与补偿条例》（国务院令第 590 号，有效期间为 2011 年 1 月 21 日起至今，以下简称《征补条例》）第四条、第五条的规定，国有土地上房屋行政征收补偿（以下简称房屋征收补偿）执法组织有四类。

---

① 夏云峰：《行政执法办案实务：要件、流程与文书》，中国法制出版社 2022年版。

第一类是决定征收与补偿的组织，为市、县级人民政府，为本类执法的执法主体。第二类是实施征收与补偿的组织，为市、县级人民政府确定的房屋征收部门。此两类组织为本类执法必须具备的两个执法组织。

依照案情，在本案中，甲市乙区人民政府为房屋征收补偿执法主体，房屋征收部门为乙区政府征补办。依我国行政体制，政府专项事务办公室（属政府的办事机构，可以理解为政府的内设机构）一般不属政府部门，因此乙区政府征补办作为本案房屋征收部门的设置是否符合 2011 年《征补条例》"市、县级人民政府确定的房屋征收部门"中的"部门"规定以及其行为是否合法存疑。但是，如该办公室经批准对外以区政府名义行使职权则不属违法，可将该对外行使职权行为视为区政府行为。比如，乙区政府征补办作为房屋征收部门对房屋征收范围内房屋的权属、区位、用途、建筑面积等情况组织调查登记时需以区政府名义，如房屋征收部门为政府部门，则可以自己的名义组织调查登记。此时，乙区政府与其征补办虽在行政上可以是两个单位，但在执法上属一个组织。关于此问题，最高人民法院在本案判决书中没有涉及。

第三类执法组织是承担房屋征收与补偿具体工作的单位，即房屋征收实施单位，这个单位既可以是房屋征收部门，也可以是其委托的单位。房屋征收部门委托房屋征收实施单位的，应当有委托文书，载明委托范围等内容，并在委托范围内对房屋征收实施单位实施的房屋征收与补偿行为负责监督，对其行为后果承担法律责任。本案中，房屋征收实施单位为乙区城管执法局。

第四类是配合征收与补偿的组织，为决定征收与补偿的市、县级人民政府有关部门，其应当依照 2011 年《征补条例》的规定和本级人民政府规定的职责分工，互相配合，以保障房屋征收与补偿工作的顺利进行。

在事项管辖上，市、县级人民政府为可以对国有土地上房屋作出征收与补偿决定的组织，其他级别的政府和部门等执法组织，包括市、县级政府的上级政府都没有对国有土地上房屋予以征收与补偿的权力。这里的房屋包括其附属物，住宅、经营性用房，公有、私有等各类房屋都可以纳入征收范围，但违法建筑和超过批准期限的临时建筑，不纳入补偿范围。在时效管辖上，市、县级人民政府房屋征收补偿权及于其成立前已经存在的房屋。在地域管辖上，市、县级人民政府房屋征收补偿权及于并限于其所辖行政区域内的国有土地。在对人管辖上，市、县级人民政府房屋征收补偿权及于所征收与补偿房屋的一切所有权人，无论其户籍、国籍在何。在级别管辖上，市级政府对其所辖县级政府行政区域内的国有土地上房屋具有征收补偿权，但一般由房屋所在行政区域的县级政府行使房屋征收补偿权，以便于将可能产生的矛盾化解在基层。跨县域房屋征收补偿，可以由县级政府在各自行政区域内行使房屋征收补偿权。对同一区域内的国有土地上房屋进行征收补偿，一般不由市级政府和县级政府共同作出决定，也不中途更换决定主体。本案房屋征收补偿主体乙区人民政府对本类执法事项的管辖权依上述。

关于本类执法的执法人员条件要件，2011年《征补条例》未作规定。如系在2018年12月5日以后实施房屋征收补偿工作，依照《国务院办公厅关于全面推行行政执法公示制度执法全过程记录制度重大执法决定法制审核制度的指导意见》（国办发〔2018〕118号，有效期间为2018年12月5日至今），行政执法人员必须具备执法资格，在进行监督检查、调查取证、采取强制措施和强制执行、送达执法文书等执法活动时，必须主动出示执法证件。房屋征收部门和房屋征收实施单位的执法人员在实施房屋征收补偿时，一般不应少于两人。

2. 关于依据要件

房屋征收补偿的主要依据，在国家层面目前是2011年《征补条例》、《国务院办公厅关于认真做好城镇房屋拆迁工作维护社会稳定的紧急通知》（国办发明电〔2003〕42号，有效期间为2003年9月19日起至今）、《住房和城乡建设部关于印发〈国有土地上房屋征收评估办法〉的通知》（建房〔2011〕77号，有效期间为2011年6月3日起至今），同时参考《最高人民法院关于办理申请人民法院强制执行国有土地上房屋征收补偿决定案件若干问题的规定》（法释〔2012〕4号，有效期间为2012年4月10日起至今）和《最高人民法院关于认真贯彻执行〈关于办理申请人民法院强制执行国有土地上房屋征收补偿决定案件若干问题的规定〉的通知》（法〔2012〕97号，有效期间为 2012 年 4 月 5 日起至今），本案多有涉及。此外，2011 年《征补条例》等还授权省、自治区、直辖市就特定有关事项作出规定，这些规定亦属执法依据。下面，以 2011 年《征补条例》为基础，结合本案分析相对人角度房屋征收补偿事项要件。

房屋征收补偿执法事项，依照 2011 年《征补条例》包含四个执法事项：第一个是房屋征收事项（行政征收）；第二个是房屋征收补偿协议事项（行政合同）；第三个是房屋征收补偿决定事项（行政补偿）；第四个是申请法院强制搬迁事项（申请强制执行）。在行政执法学上，这四类执法事项意味着四类不同的执法决定，具有不同的构成要件和具体内容。限于篇幅和本案主旨，这里结合本案主要分析房屋征收补偿决定事项相对人方面的构成要件，其他事项要件可予以参考。

确定房屋征收补偿决定事项相对人角度法定要件的主要依据为 2011 年《征补条例》第二十六条，围绕"房屋征收部门与被征收人在征收补偿方案确定的签约期限内达不成补偿协议"分析要件，"被征收房屋所有权人不明确"可以被前者吸收。因此，房屋征收补偿决定事项完整的表述应为：市、县政府对被征收人在规定期限内不签订房屋征收补偿协议的房屋征收补偿决定事项。相对人方面的事项为：在规定期限内不签订房屋征收补偿协议，以下为案涉事项构成要件。

本事项的行为主体要件为被征收房屋的所有权人，简称被征收人，限于合法建筑和未超过批准期限的临时建筑的所有权人，不包括违法建筑和超过批准期限的临时建筑的实际占有人。

依 2011 年《征补条例》第十五条、第二十四条、第二十六条的规定，明确被征收人的时间节点应在作出房屋征收决定后，作出房屋征收补偿决定前。这是因为：一是 2011 年《征补条例》第十五条"调查登记"的规定位于第八条、第十二条、第十三条、第十四条等规定征收决定的条文之后，依体系解释，明确被征收人应在作出房屋征收决定后。二是第二十四条虽规定"市、县级人民政府作出房屋征收决定前，应当组织有关部门依法对征收范围内未经登记的建筑进行调查、认定和处理。对认定为合法建筑和未超过批准期限的临时建筑的，应当给予补偿；对认定为违法建筑和超过批准期限的临时建筑的，不予补偿"，但这里的"房屋征收决定"不宜作文义解释，而应依其在"第三章补偿"中，将其体系解释为"房屋征收补偿决定"。这样，调查登记与调查认定处理可以同步一次进行，提高执法效率，降低执法成本，避免费二遍事。从实际工作看，2011 年《征补条例》应将征收决定与补偿方案分离，先依法依公共利益需要作出并公布征收决定确定征收范围，将其作为所有房屋征收补偿工作的起点，后开展依法制定并公布征收补偿方案，对未登记建筑进行调查、认定和处理等工作，防止被征收人预先知晓，在征收补偿方案公布期间或者在对未登记建筑进行调查、认定和处理期间出现新建、扩建、改建房屋和改变房屋用途等不当增加补偿费用的行为，防止徒增房屋征收部门和实施单位工作量，加大房屋征收矛盾。

明确被征收人，即要明确被征收房屋是否有被征收人，被征收人姓甚名谁，是否为合法被征收人等。在明确被征收人时，在 2020 年 12 月 31 日前实施本事项的（本案），应当依照 2009 年《民法通则》（有效期间为 2009 年 8 月 27 日起至 2020 年 12 月 31 日止），在 2021 年 1 月 1 日后实施本事项的，应当依照 2021 年《民法典》（有效期间为 2021 年 1 月 1 日起至今）确认被征收人作为民事主体的类别，即明确其为自然人还是法人，或者是非法人组织，是哪种自然人、哪种法人、哪种非法人组织。

本事项的行为意识要件为被征收人的民事行为能力状态，主要是作为被征收人的自然人的民事行为能力状态，分为完全民事行为能力人、限制民事行为能力人和无民事行为能力人。在登记调查和调查认定处理时，房屋征收部门和实施单位应当根据自然人的年龄和智力精神健康状况依据 2009 年《民法通则》有关规定予以确认，对于后两者，还应确认其监护人。对于作为被征收人的法人和非法人组织的民事行为能力状态，依据 2009 年《民法通则》有关规定确认。被征收人不明确的，不涉及本要件。

行为主体和行为意识要件，在房屋征收补偿协议事项上的意义是确定作为执法相对人的被征收人和签约人，亦即房屋征收补偿协议作为行政合同的一方当事人。此两要件在案件中确认错误导致达不成补偿协议的，市、县政府不应作出房屋征收补偿决定。同时，行为主体和行为意识要件，在房屋征收补偿决定事项上的意义是确定执法相对人，以及决定书的受送达人和签收人。此两要件在案件中确认错误，将导致决定内容错误。

本事项的实行行为要件为被征收人不签订房屋征收补偿协议，分为不同意征收而拒签，或者不同意征收补偿有关事项而拒签。依据 2011 年《征补条例》第二十五条的规定，房屋征收部门与被征收人都有订立房屋征收补偿协议的义务。一是必须是已经依法公布征收决定、征收补偿方案，调查登记或调查处理认定，房地产价格评估机构对被征收房屋评估。二是协议当事人为房屋征收部门与被征收人，不是市、县政府，房屋征收实施单位，也不是被征收人的监护人、法定代理人等。三是由房屋征收部门依照有关规定首先提出订立协议的意思表示（要约），含具体的时间、地点、被征收人姓名、名称等。四是被征收人以明示或者默示的方式拒绝签订协议，或者被征收人不明确。以上要素必须全部具备且依法才能构成本要件，否则在诉讼中可能会败诉，如涉及申请强制执行事项（构成其要件的要素），可能导致法院裁定不准予执行，此见《最高人民法院关于办理申请人民法院强制执行国有土地上房屋征收补偿决定案件若干问题的规定》第六条有关规定。

本事项的行为对象要件为房屋征收补偿协议。一是依据 2011 年《征补条例》第二十五条的规定，协议内容包括补偿方式、补偿金额和支付期限、用于产权调换房屋的地点和面积、搬迁费、临时安置费或者周转用房、停产停业损失、搬迁期限、过渡方式和过渡期限等事项。二是依据 2011 年《征补条例》第二条，补偿协议的内容应当公平，如系 2021 年 1 月 1 日后实施本事项，依照 2021 年《民法典》第一百一十七条，补偿协议的内容还应当合理。三是无论是货币补偿还是房屋产权调换，都应当依法对被征收房屋先进行评估，并根据评估的价值协商协议有关条款内容。四是房屋征收部门应依法草拟并提供协议内容，协议内容必须依照 2009 年《民法通则》和 2011 年《征补条例》有关规定确定要素。如系 2021 年 1 月 1 日后实施本事项，协议内容必须依照 2021 年《民法典》和 2011 年《征补条例》有关规定确定要素。五是协议采书面形式（格式合同）。以上要素必须全部具备且依法才能构成本要件。

本事项的行为结果要件为被作出房屋征收补偿决定。

本事项的因果关系要件为不签订房屋征收补偿协议是被作出房屋征收补偿决定的原因。

本事项的行为时间要件为房屋征收补偿方案确定的签约期限内。依 2011 年《征补条例》第十三条第一款，此签约期限必须载于房屋征收决定公告中的房屋征收补偿方案里。未公告、未载明或者签约期限的设定不合理，均不符合本要件要求。因严重违反法律规定，致使房屋征收补偿方案整体无效的，其签约期限内容无效。

本事项的行为地点要件为房屋征收补偿方案确定的签约地点。房屋征收补偿方案应当明确签约地点，签约地点的设置应当合理，变更签约地点的，应当在合理时间前通知被征收人。原则上，应当逐户入户签约，亦可集中于特定地点签约，被征收人要求入户签约的，应当入户签约。

3. 关于根据要件

下面对照案涉事项法律依据要件分类简要分析本案要件事实。

依照案情描述，本案征收的房屋为国有土地上的无证房屋，案情明确"马某某位于乙区××号的自建房屋在征收范围内，该房屋系依赖公租房自行搭建，无房屋所有权证"，此为本案关键事实，从判决书"乙区政府没有提供证据证明已对案涉房屋进行调查、认定和处理"来看，作为作出房屋征收补偿决定主体的乙区政府并未对这一关键事实在案件中作出认定。依据 2011 年《征补条例》对相对人行为主体要件的规定，因案涉房屋并未取得房屋所有权证，并非合法建筑，其实际占有人马某某并非该房屋法律上的所有权人，所以马某某亦不应当成为本案的被征收人。对于该房屋，应当依照 2011 年《征补条例》在调查认定（行政确认，此决定必须作出，否则本案无法确定被征收人）基础上，依照《国务院办公厅关于认真做好城镇房屋拆迁工作维护社会稳定的紧急通知》，属由于历史原因造成的手续不全房屋，依据现行有关法律法规补办手续，之后将马某某确定为本案被征收人，之后再去调查认定其他要件事实，全部要件事实都具备的，依法对马某某作出房屋征收补偿决定；属违法建筑的，依据 2011 年《征补条例》作出不予补偿决定。房屋作为征收的直接对象，在房屋征收补偿执法事项四个执法事项及其对应的案件中，房屋都是关键要素，对其实际状态的事实认定都是关键事实，在有的事项和案件里，其还是要件和要件事实，在本事项中，"以房定人""以房定补"是明显而重要的特征，直接涉及甚至决定行为主体和行为对象要件。

行为主体要件事实在案件中未予认定，再讨论其他要件事实对本案已无意义，但从执法办案评析角度，再简要讨论一下其他本案要件事实。即以本案未被依法认定的被征收人马某某分析其他要件事实，在行为意识要件事实上，从案情和判决书来看，系推定其为完全民事行为能力人。案情指明"因马某某与房屋征收实施单位在签约期限内未达成安置补偿协议，乙区政府于2017年1月17日作出《补偿决定》，于2017年1月19日通过公证送达的方式向马某某进行了送达"，判决书亦予以认可，故实行行为、行为对象、行为结果、因果关系、行为时间要件事实已明。行为地点要件事实在案情和判决书中均未涉及。

4. 关于证据要件

下面对照案涉事项法律依据要件分类简要分析本案证据要件。

依照案情描述和判决书"乙区政府没有提供证据证明已对案涉房屋进行调查、认定和处理"的论述，本案中，乙区政府并未收集取得案涉房屋所有权人的证据，即对确定被征收人的要件事实无证据证明，且该事实不得推定，也不属执法认知范畴。如案涉房屋有证，且经有关执法人员查询登记簿①已知所有

① 本案涉及的不动产登记簿规定见《物权法》（有效期间为2007年10月1日起至2020年12月31日止）第十四条至第十九条的规定，如系2021年1月1日后实施案涉事项，有关规定见2021年《民法典》第二百一十四条、第二百一十六条、第二百一十七条、第二百二十条。

权人为马某某，则在执法办案过程中经核实后可以直接将马某某确定为被征收人，此为执法认知，无需证据证明，但在诉讼过程中，应当将证明执法认知事实的证据提交于法庭。

在本案中，未被依法认定的被征收人马某某的行为意识要件事实可以推定，依 2009 年《民法通则》"十八周岁以上的公民是成年人，具有完全民事行为能力，可以独立进行民事活动，是完全民事行为能力人"的规定，其可以自己签订房屋征收补偿协议，除非有迹象或者证据表明其智力精神健康状况属限制民事行为能力人或无民事行为能力人。

本案的实行行为、行为对象、行为结果、行为时间、行为地点要件事实均属执法认知事实，在执法办案中知晓不需证据证明，但应当按照执法全过程记录的要求以证据形式予以记录，在诉讼中应将有关记录作为诉讼证据提交法庭，如案情所示在卷佐证的乙区政府征补办《关于某建筑职业技术学院新校区扩建项目评估机构选定结果及签约期限的通告》等。

5. 关于理由等程序要件

理由要件的含义见第一节相关部分，后续案例不再提示。

在房屋征收补偿执法事项中，执法理由等程序要件是重点。本部分在分析本案所涉执法事项程序要件的同时，参看这些程序要件在案件中的落实情况。

依照 2011 年《征补条例》等规定，作出房屋征收补偿决定应当具备下列程序要件：

（1）已依法作出房屋征收决定并及时公告，且该决定的目的符合法律、行政法规规定的公共利益范围，符合法定程序。明显不属于法定公共利益范围的决定（含作为决定内容的房屋征收补偿方案）必然无效，严重违法的决定（含作为决定内容的房屋征收补偿方案）可能无效。没有作出房屋征收决定、没有公告或者房屋征收决定无效的，不构成房屋征收补偿决定。

本案征收决定的目的是建筑职业学院新校区扩建，系政府组织实施，属 2011 年《征补条例》第八条第（三）项规定的公共利益范围。案情指示"2016 年 12 月 5 日，乙区政府作出《征收决定》""同日，乙区政府作出《征收公告》，对《征收决定》内容进行了公布，并将《征收公告》在征收范围内予以张贴告知""2016 年 12 月 13 日，乙区政府在《某市晚报》上刊登了《征收公告》"，在案证据有《征收决定》《征收公告》等。决定是否严重违法案情未表述，最高人民法院在判决书中认为"难以认定乙区政府作出《征收决定》存在不具有行政主体资格或没有依据等重大且明显违法的情形"。

（2）已依法制定房屋征收补偿方案，且载于征收决定公告之中。没有制定房屋补偿方案或者严重违法的、没有公告的，不构成房屋征收补偿决定。

房屋征收补偿方案是征收决定公告的内容，是签订房屋征收补偿协议、作出房屋征收补偿决定的依据之一，也是 2011 年《征补条例》规定的开展房屋征收补偿工作的首要环节，在整个房屋征收补偿工作中具有基石的意义。2011 年《征补条例》就其制定规定了主体、拟定、论证、向公众征求意见、修改、公布征求意见和根据公众意见修改情况、听证（可选要件）、政府常务会议讨论决定（可选要件）、公告等要件，这些要件在执法办案时应逐一落实。

案情的"由房屋征收实施单位按照征收补偿方案及相关文件规定结算"表述说明本案有房屋征收补偿方案，判决书中一审法院查明"在作出《征收决定》前，房屋征收部门对被征收人进行调查后，拟定征收补偿方案，乙区政府将此方案公布征求被征收人的意见未少于 30 日，后根据征求意见发布案涉征收补偿方案"。在案证据无案涉房屋征收补偿方案，应是内含于《征收决定》《征收公告》之中。

（3）已依法调查登记和调查认定处理，确定被征收人和被征收房屋。调查登记和调查认定处理是 2011 年《征补条例》规定的两个重要程序要件，直接关系到相对人角度行为主体和行为意识要件的确定，直接关系到行为对象部分要素的确定，间接关系到实行行为、行为结果和因果关系，不可简化。

本案在最高人民法院再审被撤销时，调查登记和调查认定处理要件不满足是两个重要理由，判决书指出"本案中，乙区政府提供的证据难以证明房屋征收部门已对案涉自建（无证）房屋的权属、建筑面积等进行调查登记。乙区政府在《补偿决定》中对案涉房屋按 82.46 平方米予以补偿，也构成主要证据不足""案涉房屋系依赖公租房自行搭建，无房屋所有权证。乙区政府没有提供证据证明已对案涉房屋进行调查、认定和处理。

在此情况下，马某某对补偿安置方式的选择权也就无从保障"。因此，可以推定作为执法办案主体的乙区政府在本案中未落实本要件。

（4）已依法评估被征收房地产价格，告知并保障被征收人的申请复核的权利。被征收房屋的价格是房屋征收补偿的核心要素，依照 2011 年《征补条例》第十九条的规定，其由具有相应资质的房地产价格评估机构按照房屋征收评估办法评估确定。依照 2011 年《征补条例》第二十条规定，房地产价格评估机构由被征收人协商选定；协商不成的，通过多数决定、随机选定等方式确定，具体办法由省、自治区、直辖市制定。依 2011 年《征补条例》第十九条、第二十条的规定，房地产价格评估机构应当独立、客观、公正地开展房屋征收评估工作，任何单位和个人不得干预，且评估的被征收房屋价格不得低于房屋征收决定公告之日被征收房屋类似房地产的市场价格。

违反上述规定将可能导致重大违法。最高人民法院在判决书中指出，"本案中，马某某于 2017 年 1 月 19 日领取了《房屋征收价值评估分户表（初始）》。本案并无证据证明该表即是《评估办法》第十七条第一款规定的分户评估报告。即使该表实属分户评估报告，但由于马某某没有表示放弃对评估结果申请复核评估及鉴定的权利，该表与《补偿决定》同日送达，也使马某某失去了在《补偿决定》作出前申请复核评估及鉴定的机会。尽管丙房地产估价公司对案涉建设项目范围内的被征收房屋作出评估标准价，但在马某某对评估结果申请复核评估及鉴定的权利未得到保障的情况下，难以认定该表确定的案涉房屋价值确实不低于类似房地产的市场价格。乙区政府以该表确定的案涉房屋价值为基础作出《补偿决定》，构成主要证据不足"。因此，可以推定作为执法办案主体的乙区政府在本案中未落实本要件。

（5）已依法提出签订房屋征收补偿协议的要约，并提供格式合同。依 2011 年《征补条例》第二十五条及有关条款，房屋征收补偿主导权在执法组织一方，推定执法组织是发出房屋征收补偿协议要约义务的当事人。格式合同应当公平、合理。要约及有关的格式合同、格式条款应当符合 2011 年《征补条例》等有关规定。

要约及其格式合同必须涵盖法定内容，比如必须涵盖货币补偿与房屋产权调换选择内容，否则将可能导致重大违法。

如系 2021 年 1 月 1 日后实施案涉事项，应特别注意 2021 年《民法典》有关规定。2021 年《民法典》从第四百七十一条起，至第四百九十八条止，集中规定了合同的要约及其承诺，格式合同和格式条款问题，在落实本要件时应一并落实。

本案案情明确 "2016 年 12 月 8 日，乙区政府征补办作出《关于某建筑职业技术学院新校区扩建项目评估机构选定结果及签约期限的通告》，确定丙房地产估价公司为案涉项目房屋征收评估机构，签约期限为 2016 年 12 月 14 日至 2017 年 1 月 2 日"，判决书指出，"根据被征收人的选择结果，丙房地产估价公司为案涉项目房屋征收评估机构。2016 年 12 月 8 日，乙区政府征补办通告了该评选结果，并根据征收补偿安置方案及征收决定确定签约期限为 2016 年 12 月 14 日至 2017 年 1 月 2 日"，在案证据有乙区政府征补办的《关于某建筑职业技术学院新校区扩建项目评估机构选定结果及签约期限的通告》，此通告部分内容可视为提出要约，其他不详。

此外，还包括期限、送达等程序要件。本案在最高人民法院提审被撤销时，撤销理由与这两个要件直接相关，有关判决书的表述见上述（4）中的有关表述。

以上要件在案件中如缺失则必属重大且明显违法，相应房屋征收补偿决定在诉讼和复议中将被撤销或者确认无效，当然亦不能构成房屋征收补偿决定。从高质量执法要求看，任何法定要件在案件中缺失，都不能构成相应执法决定。在有上述要件的前提下，在案件中应当完全依法落实，从高质量执法要求看，不依法落实要件也不能构成房屋征收补偿决定。所有的执法要件包括程序要件在所有的案件中的落实，从高质量执法要求看，都应当是完全的"有"和"是"。

6. 关于决定要件

在案件中落实前述要件以后，始能作出房屋征收补偿决定。

依 2011 年《征补条例》第二十六条等规定，对房屋征收补偿决定要件本身，需要满足下列几个要件：

①按照征收补偿方案作出补偿决定；

②在房屋征收范围内公告作出的补偿决定；

③补偿决定应当公平、合理;

④补偿决定的内容应当包括补偿方式、补偿金额和支付期限、用于产权调换房屋的地点和面积、搬迁费、临时安置费或者周转用房、停产停业损失、搬迁期限、过渡方式和过渡期限等事项;

⑤告知并保障被征收人申请行政复议、提起行政诉讼的权利;

⑥性质为行政征收房屋补偿;

⑦采用书面形式;

⑧决定书要素根据决定内容等依法确定。

尽管满足作出房屋征收补偿决定的要件即可作出相应决定,不需再与被征收人协商,但是,在作出决定前已经协商的,在补偿决定中应尽量满足被征收人在协商过程中提出的要求。

案情针对本案决定要件的描述为:"乙区政府于 2017 年 1 月 17 日作出《补偿决定》,于 2017 年 1 月 19 日通过公证送达的方式向马某某进行了送达。该决定的主要内容为:房屋结构为砖木,用途为营业,入户实测自建(无证)建筑面积 82.46 平方米。经丙房地产估价公司评估,房屋评估价格为 3397 元/平方米。被征收房屋货币补偿金额为 364152 元(在评估价 280117元的基础上,上浮 30%);马某某的搬迁费、临时安置补助费、被征收房屋装修及附属物补偿费,由房屋征收实施单位按照征收补偿方案及相关文件规定结算;马某某在该补偿决定公告之日起 15 日内与房屋征收实施单位签订《房屋征收补偿安置协议》，将房屋交付房屋征收实施单位拆除。该补偿决定还告知马某某申请行政复议或提起行政诉讼的权利、期限及强制执行等事项。"

其中，按照征收补偿方案作出房屋征收补偿决定要件体现于"马某某的搬迁费、临时安置补助费、被征收房屋装修及附属物补偿费，由房屋征收实施单位按照征收补偿方案及相关文件规定结算"，在房屋征收范围内公告作出的房屋征收补偿决定要件案情未涉及，判决书中一审、二审法院查明补偿决定已公告，最高人民法院予以确认。房屋征收补偿决定应当公平、合理要件案情未涉及，最高人民法院在判决书中认为"难以认定该表①确定的案涉房屋价值确实不低于类似房地产的市场价格。乙区政府以该表确定的案涉房屋价值为基础作出《补偿决定》，构成主要证据不足""乙区政府在《补偿决定》中将补偿安置方式确定为货币补偿，亦构成主要证据不足"。② 案情表述的房屋征收补偿决定主要内容未全部涵盖本案决定内容要件，一部分应在《房屋征收补偿安置协议》之中。案情表明，房屋征收补偿决定已告知并保障被征收人申请行政复议、提起行政诉讼的权利，决定性质为行政征收房屋补偿，采《补偿决定》书面

① "该表"是指《房屋征收价值评估分户表（初始）》。

② 最高人民法院在判决书中陈述的撤销本案决定的三个理由并不十分清晰，也存在可以讨论的地方，比如本案存在的问题首先是违反法定程序还是主要证据不足？通过分析要件并从全案和撤销理由的表述看，应首先是决定违反法定程序，对相对人权利产生了实际影响，而证据不足是征收主体对其决定符合法定程序不能提供充足证据，核心还是法定程序问题，因此以违反法定程序为主要理由撤销本案似更合适。限于本书主旨，不再展开。

形式，决定书要素案情未完整表述。

三、相关规定

1. 2011 年《国有土地上房屋征收与补偿条例》（国务院令第 590 号，有效期间为 2011 年 1 月 21 日起至今）

第四条　市、县级人民政府负责本行政区域的房屋征收与补偿工作。

市、县级人民政府确定的房屋征收部门（以下称房屋征收部门）组织实施本行政区域的房屋征收与补偿工作。

市、县级人民政府有关部门应当依照本条例的规定和本级人民政府规定的职责分工，互相配合，保障房屋征收与补偿工作的顺利进行。

第五条　房屋征收部门可以委托房屋征收实施单位，承担房屋征收与补偿的具体工作。房屋征收实施单位不得以营利为目的。

房屋征收部门对房屋征收实施单位在委托范围内实施的房屋征收与补偿行为负责监督，并对其行为后果承担法律责任。

第八条　为了保障国家安全、促进国民经济和社会发展等公共利益的需要，有下列情形之一，确需征收房屋的，由市、县级人民政府作出房屋征收决定：

（一）国防和外交的需要；

（二）由政府组织实施的能源、交通、水利等基础设施建设的需要；

（三）由政府组织实施的科技、教育、文化、卫生、体育、环境和资源保护、防灾减灾、文物保护、社会福利、市政公用等公共事业的需要；

（四）由政府组织实施的保障性安居工程建设的需要；

（五）由政府依照城乡规划法有关规定组织实施的对危房集中、基础设施落后等地段进行旧城区改建的需要；

（六）法律、行政法规规定的其他公共利益的需要。

第十三条　市、县级人民政府作出房屋征收决定后应当及时公告。公告应当载明征收补偿方案和行政复议、行政诉讼权利等事项。

市、县级人民政府及房屋征收部门应当做好房屋征收与补偿的宣传、解释工作。

房屋被依法征收的，国有土地使用权同时收回。

第十五条　房屋征收部门应当对房屋征收范围内房屋的权属、区位、用途、建筑面积等情况组织调查登记，被征收人应当予以配合。调查结果应当在房屋征收范围内向被征收人公布。

第十九条　对被征收房屋价值的补偿，不得低于房屋征收决定公告之日被征收房屋类似房地产的市场价格。被征收房屋的价值，由具有相应资质的房地产价格评估机构按照房屋征收评估办法评估确定。

对评估确定的被征收房屋价值有异议的，可以向房地产价格评估机构申请复核评估。对复核结果有异议的，可以向房地产价格评估专家委员会申请鉴定。

房屋征收评估办法由国务院住房城乡建设主管部门制定，制定过程中，应当向社会公开征求意见。

第二十条 房地产价格评估机构由被征收人协商选定；协商不成的，通过多数决定、随机选定等方式确定，具体办法由省、自治区、直辖市制定。

房地产价格评估机构应当独立、客观、公正地开展房屋征收评估工作，任何单位和个人不得干预。

第二十四条 市、县级人民政府及其有关部门应当依法加强对建设活动的监督管理，对违反城乡规划进行建设的，依法予以处理。

市、县级人民政府作出房屋征收决定前，应当组织有关部门依法对征收范围内未经登记的建筑进行调查、认定和处理。对认定为合法建筑和未超过批准期限的临时建筑的，应当给予补偿；对认定为违法建筑和超过批准期限的临时建筑的，不予补偿。

第二十五条 房屋征收部门与被征收人依照本条例的规定，就补偿方式、补偿金额和支付期限、用于产权调换房屋的地点和面积、搬迁费、临时安置费或者周转用房、停产停业损失、搬迁期限、过渡方式和过渡期限等事项，订立补偿协议。

补偿协议订立后，一方当事人不履行补偿协议约定的义务的，另一方当事人可以依法提起诉讼。

第二十六条 房屋征收部门与被征收人在征收补偿方案确

定的签约期限内达不成补偿协议，或者被征收房屋所有权人不明确的，由房屋征收部门报请作出房屋征收决定的市、县级人民政府依照本条例的规定，按照征收补偿方案作出补偿决定，并在房屋征收范围内予以公告。

补偿决定应当公平，包括本条例第二十五条第一款规定的有关补偿协议的事项。

被征收人对补偿决定不服的，可以依法申请行政复议，也可以依法提起行政诉讼。

2.《最高人民法院关于办理申请人民法院强制执行国有土地上房屋征收补偿决定案件若干问题的规定》（法释〔2012〕4号，有效期间为2012年4月10日起至今）

第六条　征收补偿决定存在下列情形之一的，人民法院应当裁定不准予执行：

（一）明显缺乏事实根据；

（二）明显缺乏法律、法规依据；

（三）明显不符合公平补偿原则，严重损害被执行人合法权益，或者使被执行人基本生活、生产经营条件没有保障；

（四）明显违反行政目的，严重损害公共利益；

（五）严重违反法定程序或者正当程序；

（六）超越职权；

（七）法律、法规、规章等规定的其他不宜强制执行的情形。

人民法院裁定不准予执行的，应当说明理由，并在五日内将裁定送达申请机关。

四、法院裁判文书

中华人民共和国最高人民法院

行 政 判 决 书①

（2020）最高法行再 8 号

再审申请人（一审原告、二审上诉人）：马某某

再审被申请人（一审被告、二审被上诉人）：甘肃省甲市乙区人民政府

再审申请人马某某因诉再审被申请人甘肃省甲市乙区人民政府（以下简称乙区政府）房屋征收行政补偿一案，不服甘肃省高级人民法院（2018）甘行终 339 号行政判决，向本院申请再审。本院于 2019 年 9 月 28 日作出（2019）最高法行申 4136 号行政裁定，提审本案。本院依法组成合议庭，于 2020 年 9 月 24 日公开开庭审理了本案。马某某的委托诉讼代理人马某克，乙区政府的委托诉讼代理人张某科、晏某到庭参加诉讼。本案现已审理终结。

----

① 参见中国裁判文书网，https：//wenshu. court. gov. cn/website/wenshu/181107 ANFZ0BXSK4/index. html？docId＝2c73ea80df6c470bb277ac9c012405a7，最后访问时间：2023 年 9 月 7 日。

甘肃省武威市中级人民法院一审经审理查明：某建筑职业技术学院（以下简称建筑职业学院）新校区扩建项目，甲市发展和改革委员会于 2015 年 1 月 9 日备案登记。2015 年 4 月 8 日，甲市城乡规划局对该项目建设用地规划颁发了《建设用地许可证》。2015 年 6 月 10 日，甲市城乡规划局对该项目颁发了《建设工程规划许可证》。该建设项目亦通过了环境评审及社会稳定风险评估。该项目建设需要征收项目范围内国有土地上的房屋及附属物，在征收决定作出前，征收部门对征收范围内的被征收人进行了摸底调查。2016 年 11 月 1 日，乙区政府对甲市乙区人民政府房屋征收与补偿办公室（以下简称乙区政府征补办）拟定的房屋征收补偿安置方案作出原则同意批复。2016 年 11 月 4 日，乙区政府将该方案予以公布，征求被征收人的意见。2016 年 12 月 5 日，乙区政府作出乙国征决字〔2016〕第 13 号《国有土地上房屋征收决定》（以下简称《征收决定》），对案涉项目建设范围内房屋及附属物进行征收，房屋征收部门为乙区政府征补办；征收实施单位为甲市乙区城市管理行政执法局（以下简称乙区城管执法局）；补偿安置方式为：住宅房屋实行货币补偿或现房产权调换，由被征收人自愿选择；非住宅房屋实行货币补偿。签约期限为评估机构选定结果公布之日起第 7 天开始的 20 日内。该决定还对奖励标准及期限、诉讼及强制搬迁等事宜予以确定。同日，乙区政府作出乙国征字〔2016〕第 013 号《国有土地上房屋征收公告》（以下简称《征收公告》），对《征收决定》内容进行了公布，并将《征收公告》在征收范围内予以张贴告知。2016 年 12 月 13 日，《征收公告》在《某市晚报》上刊登。马某某位于乙区××号的房屋在征收范围内。

房屋征收实施单位组织征收范围内的被征收人协商选择评估机构。根据被征收人的选择结果，兰州丙房地产咨询估价有限公司（以下简称丙房地产估价公司）为案涉项目房屋征收评估机构。2016 年 12 月 8 日，乙区政府征补办通告了该评选结果，并根据征收补偿安置方案及征收决定确定签约期限为 2016 年 12 月 14 日至 2017 年 1 月 2 日。经乙区城管执法局委托，丙房地产估价公司于 2016 年 12 月 18 日作出丙估字（2016）第 8089 号《估价报告书》，案涉征收范围内住宅楼房标准价为 4750 元/平方米，临街住宅一楼商铺标准价为 9210 元/平方米。评估机构在此标准下，结合马某某房屋的类别、权属状况、结构、面积、修建年代、坐落、用途等情况，对马某某承租的有证营业用房评估价为 8665 元/平方米，自建无证房屋评估价为 3397 元/平方米，附着物评估补偿价为 40 元/平方米。评估机构作出《房屋征收价值评估分户表》后，向马某某进行了送达。因马某某与房屋征收部门在征收补偿安置方案确定的签约期限内未达成安置补偿协议，乙区政府于 2017 年 1 月 17 日作出乙国征补字〔2017〕47 号《房屋征收补偿决定书》（以下简称《补偿决定》），于 2017 年 1 月 19 日通过公证送达的方式向马某某进行了送达。《补偿决定》的主要内容为：房屋结构为砖木，用途为营业，入户实测自建（无证）建筑面积 82.46 平方米。经丙房地产估价公司评估，房屋评估价格为 3397 元/平方米。因马某某与房屋征收实施单位在征收补偿安置方案确定的签约期限内未达成补偿协议，故对马某某作出征收补偿决定。被征收房屋货币补偿金额为364152元（在评估价280117元的基础上，上浮30%）；马某某的搬迁费、临时安置补助费、被征收房屋装修及附属物补偿费，由房屋征收实施单位按照征收补偿方案及相关文件规定结算；马某某在该补偿决定公告之日起15日内与房屋征收实施单位签订《房屋征收补偿安置协议》，将房屋交付房屋征收实施单位拆除。该补偿决定还告知马某某申请行政复议或提起行政诉讼的权利、期限及强制执行等事项。马某某不服，于2017年7月17日向该院提起诉讼，请求撤销《补偿决定》并判令乙区政府重新作出合法的行政行为。

另查明，2004年1月9日，某第一建筑工程有限责任公司（以下简称某建筑工程公司）与建筑职业学院签订《土地使用权转让合同》，某建筑工程公司将其所有的位于甲市乙区××街道××村40158平方米国有土地使用权连同该宗地上的平房住宅29栋转让给建筑职业学院。2005年10月29日，甲市人民政府以甲政建〔2005〕69号《关于给某建筑职业技术学院划拨学校扩建用地的批复》，将上述国有土地使用权划拨给建筑职业学院用于新校区的扩建。甲市人民政府于2010年11月18日给建筑职业学院颁发了甲国用（2010）第02336号《国有土地使用证》。

还查明，马某某用于经营的案涉房屋系其自建房屋，建筑面积82.46平方米，未办理产权证，作为营业用房使用至今。

又查明，2016年12月6日，乙区城管执法局、乙区政府征补办和建筑职业学院就该院新校区扩建项目征收补偿事宜召开会议。会议就征收补偿过程中存在的征收房价格、自建房与公租房的评估差异、商铺的定价等问题形成决议，主要内容为：公租房和建筑职业学院安置房均按完全产权进行评估；自建房评估应在被征收房屋完全产权的评估基础上权益修正20%进行评估；破墙开店用于经营的原公租房按商铺评估，但私自搭建的后厨、操作间、员工宿舍等按照公租房评估；建筑职业学院自愿放弃30%的权益补贴给被征收人。

一审法院认为，房屋征收补偿决定行政行为是否合法，应从以下几个方面进行审查：一是被征收房屋及补偿对象的认定；二是被征收房屋价值的认定；三是附着物价值和搬迁、临时安置补偿等费用的认定；四是安置补偿方式的确定；五是征收补偿决定程序的合法性。

对被征收房屋性质及补偿对象的认定问题。《中华人民共和国城市规划法》第四十条规定，在城市规划区内未取得城市规划主管部门核发的建设许可证或未按照建设工程规划许可证的规定进行建筑的建筑物，属于违法建筑。但改正后保留的建筑物，不认定为违法建筑。本案中，马某某房屋建于上世纪五十年代，早于《中华人民共和国城市规划法》施行之日，虽没有提供建房许可手续，也没进行过产权登记，但马某某一直使用至今，未经有关部门认定为违法建筑。本案征收补偿安置方案规定，对征收范围内未经登记的建筑和临时建筑，由乙区政府组织相关部门调查、认定和处理，对认定为合法建筑和未超过批准期限的临时建筑的，应当给予补偿。同时根据案涉房屋所在土地的产权单位、房屋征收部门和房屋征收实施单位的会议纪要内容，对于没有房屋修建手续的自建房，在按照完全产权房屋的评估基础上权益修正 20%进行评估补偿。征收补偿安置方案及会议纪要的规定，与法律的规定不冲突，应当认定为合法有效。因该房屋在建筑职业学院新校区扩建项目征收范围内，故乙区政府以马某某为补偿对象作出《补偿决定》正确。

对被征收房屋价值的认定问题。根据《国有土地上房屋征收与补偿条例》（以下简称《征补条例》）第十九条第一款、第二款的规定，对被征收房屋价值的补偿，不得低于房屋征收决定公告之日被征收房屋类似房地产的市场价格。被征收房屋的价值，由具有相应资质的房地产价格评估机构按照房屋征收评估办法评估确定。对评估确定的被征收房屋价值有异议的，可以向房地产价格评估机构申请复核评估。对复核结果有异议的，可以向房地产价格评估专家委员会申请鉴定。本案中，房屋评估机构经评估认定征收范围内住宅楼房标准价为 4750 元/平方米，临街住宅一楼商铺标准价为 9210 元/平方米。评估机构根据被征收房屋的区位、用途、性质、面积、建筑结构、建筑年代、土地使用权等因素，再依照案涉房屋所在土地的产权单位与房屋征收部门、房屋征收实施单位的会议纪要内容，将马某某自建（无证）房屋按完全产权认定，评估价确定为 3397 元/平方米，较为公平地体现了案涉房屋的价值。评估机构据此价格作出《房屋征收价值评估分户表》，确定被征收房屋的价值并无不当。故乙区政府在调查核实的基础上，按照完全产权对马某某予以评估补偿，主要事实清楚，已经充分保障了马某某的合法权益。关于马某某认为被征收房屋价值确定不合理，评估价值偏低的问题。马某某因未提供有效证据证明其依法向房地产评估机构申请复核评估，亦无证据证明房地产评估机构的评估程序违法或评估结果明显不当，故马某某的该理由没有事实依据，不予支持。

对被征收房屋的附着物价值和搬迁、临时安置补偿等费用的补偿问题。本案中，乙区政府作出的《补偿决定》除了包括被征收房屋的价值外，还确定附属物补偿费及搬迁费、临时安置补助费等按照征收补偿安置方案及相关文件规定结算，案涉征收补偿方案对上述费用计算标准、补偿金额均做了明确规定，符合《征补条例》第二十五条第一款和《甲市国有土地上房屋征收与补偿实施办法》第四十九条第一款第三项的规定。关于马某某认为停产停业损失未予补偿的问题。国务院办公厅国办发〔2003〕42号《关于认真做好城镇房屋拆迁工作维护社会稳定的紧急通知》第四条规定，对于拆迁范围内产权性质为住宅，但依法取得营业执照经营性用房的补偿，各地可根据其经营情况、经营年限及纳税等实际情况给予适当补偿。据此，对于住宅用于营业用房补偿问题，征收人可按实际情况适当补偿。本案中，乙区政府对马某某自建无证房屋按照安全产权标准予以补偿，在评估价的基础上上浮30%予以补偿，已经包含了马某某停产停业等损失。

对安置补偿方式的确定问题。根据《征补条例》第二十一条第一款的规定，被征收人可以选择货币补偿，也可以选择房屋产权调换。经审查，案涉房屋系在城市规划区内未取得城市规划主管部门核发建设许可证的建筑物，属于具备居住条件的无证住宅房屋，马某某通过破墙开店的方式将住宅房屋用于商业经营，虽取得了营业执照，但该房屋从性质上讲仍应认定为住宅，且案涉征收项目为教育公共事业，属公共利益的范畴，案涉土地使用权证载明，案涉土地的使用性质不得改变用于修建住宅，土地使用权不得以转让、联营、联建等方式变相用于房地产开发或转让给其他方作房地产开发和其他经营性使用，故乙区政府无法在改建地段或就近地段向被征收人提供商铺调换，马某某要求按照商铺予以产权调换的要求明显不当。因马某某与房屋征收部门在征收补偿方案确定的签约期限内就补偿安置方式未能达成协议，乙区政府对马某某自建房屋以完全产权方式提高补偿标准以货币补偿方式进行补偿并无不当。

征收补偿决定程序的合法性问题。《征补条例》第二十六条第一款规定，房屋征收部门与被征收人在征收补偿方案确定的签约期限内达不成补偿协议的，由房屋征收部门报请作出房屋征收决定的市、县级人民政府依照该条例的规定，按照征收补偿方案作出补偿决定，并在房屋征收范围内予以公告。本案中，乙区政府作出案涉项目房屋征收决定后，评估机构以征收决定公告之日作为估价时点，对马某某被征收房屋作出评估分户表，并向马某某进行了送达。因马某某与房屋征收部门在规定的签约期限内未达成补偿协议，故乙区政府作出《补偿决定》，并将该决定直接送达马某某，符合征收补偿程序的规定。马某某认为在《征收公告》发布之前选定评估机构属程序违法的意见。因《征补条例》和《国有土地上房屋征收评估办法》（以下简称《评估办法》）对评估机构的选择时点没有明确规定，但只要依法保障了被征收人协商选定评估机构的权利，且评估机构能够依法独立、客观、公正地开展评估工作，无论在征收公告之前，还是之后选定评估机构，都不影响房地产价值的评估。本案中，《征收决定》于2016年12月5日作出，并于同日作出《征收公告》并在征收范围内张贴告知。乙区政府于2016年12月13日通过报纸刊登的方式再次发布了《征收公告》。征收部门通过组织被征收人自愿选择的方式于2016年12月8日选定评估机构，并以征收决定之日作为估价时点，对征收范围内的房屋作出价值评估，对马某某作出分户评估表，并向马某某送达。评估报告的作出程序及估价时点不违反《征补条例》和《评估办法》的规定。马某某的该主张没有法律依据，不予支持。

另外，乙区政府依据《征补条例》第十七条、第二十一条、第二十六条等规定作出《补偿决定》，马某某对此并无异议，故乙区政府作出《补偿决定》适用法律、法规正确。

关于马某某认为乙区政府在作出《征收决定》前未进行社会稳定风险评估，未对被征收房屋的调查情况公布等属程序违法的问题。该院认为，房屋征收决定是征收补偿决定的前置程序，在被征收人只对征收补偿决定提起诉讼的情况下，征收决定及其附属的征收补偿方案是审查征收补偿决定是否合法的主要内容。本案中，乙区政府因建筑职业学院新校区扩建项目作出征收决定，符合公共利益需要。在作出《征收决定》前，房屋征收部门对被征收人进行调查后，拟定征收补偿方案，乙区政府将此方案公布征求被征收人的意见未少于 30 日，后根据征求意见发布案涉征收补偿方案。该方案包括征收范围、征收实施、签约期限、征收补偿、奖励与补助及诉讼与强制搬迁等内容，符合《征补条例》与《兰州市国有土地上房屋征收与补偿实施办法》等行政法规、规章及其他规范性文件的规定。案涉项目在《征收决定》作出前还进行了环境影响评估及社会稳定风险评估。征收决定作出后，乙区政府在征收范围内及时予以公示告知，符合《征补条例》的相关规定。乙区政府虽未将被征收房屋调查结果在征收范围内进行公布，经查，马某某对其房屋的权属、区位、用途、建筑面积等情况的调查结果无异议。据此，乙区政府作出《征收决定》程序合法，马某某的该理由没有事实依据，不予支持。

综上，乙区政府作出《补偿决定》认定事实清楚，证据确凿，适用法律、法规正确，符合法定程序。马某某的诉讼请求不成立，依法应当予以驳回。一审法院依照《中华人民共和国行政诉讼法》第六十九条之规定，作出（2017）甘 06 行初 221 号行政判决，驳回马某某的诉讼请求。案件受理费 50 元，由马某某负担。

马某某不服，提起上诉。

甘肃省高级人民法院二审经审理查明的事实与一审法院查明的事实一致。

二审法院认为，《征补条例》第二十五条第一款规定："房屋征收部门与被征收人依照本条例的规定，就补偿方式、补偿金额和支付期限、用于产权调换房屋的地点和面积、搬迁费、临时安置费或者周转用房、停产停业损失、搬迁期限、过渡方式和过渡期限等事项，订立补偿协议。"第二十六条规定："房屋征收部门与被征收人在征收补偿方案确定的签约期限内达不成补偿协议，或者被征收房屋所有权人不明确的，由房屋征收部门报请作出房屋征收决定的市、县级人民政府依照本条例的规定，按照征收补偿方案作出补偿决定，并在房屋征收范围内予以公告。补偿决定应当公平，包括本条例第二十五条第一款规定的有关补偿协议的事项。"本案中，因建筑职业学院新校区扩建项目，甲市发展和改革委员会于2015年1月9日备案登记。2015年4月8日，甲市城乡规划局对该项目建设用地规划颁发了《建设用地许可证》。2015年6月10日，甲市城乡规划局对该项目颁发了《建设工程规划许可证》。该建设项目亦通过了环境评审及社会稳定风险评估。2016年11月1日，乙区政府对乙区征补办拟定的房屋征收补偿安置方案作出原则同意批复。2016年11月4日，乙区政府将该方案予以公布，征求被征收人的意见。乙区政府于2016年12月5日作出《征收决定》，同日作出《征收公告》，对《征收决定》的内容进行了公布，并将《征收公告》在被征收范围内予以张贴告知。2016年12月13

日，《征收公告》在《某市晚报》上刊登。根据被征收人的选择结果，丙房地产估价公司为案涉项目房屋征收评估机构。2016 年 12 月 8 日，乙区政府征补办通告了该评选结果，并根据征收补偿安置方案及征收决定确定签约期限为 2016 年 12 月 14 日至 2017 年 1 月 2 日。经乙区城管执法局委托，丙房地产估价公司于 2016 年 12 月 18 日作出丙估字（2016）第 8089 号《估价报告书》，并将《房屋征收价值评估分户表》进行了送达。因马某某与房屋征收部门在征收补偿方案确定的签约期限内未达成安置补偿协议，乙区政府于 2017 年 1 月 17 日作出《补偿决定》，于 2017 年 1 月 19 日通过公证送达的方式进行了送达。据此，乙区政府作出《补偿决定》，符合法律、法规规定。

关于马某某提出的《补偿决定》中只有货币补偿，没有产权调换，剥夺其选择权问题。《评估办法》第九条规定："房屋征收评估前，房屋征收部门应当组织有关单位对被征收房屋情况进行调查，明确评估对象。评估对象应当全面、客观，不得遗漏、虚构。房屋征收部门应当向受托的房地产价格评估机构提供征收范围内房屋情况，包括已经登记的房屋情况和未经登记建筑的认定、处理结果情况。调查结果应当在房屋征收范围内向被征收人公布。对于已经登记的房屋，其性质、用途和建筑面积，一般以房屋权属证书和房屋登记簿的记载为准；房屋权属证书与房屋登记簿的记载不一致的，除有证据证明房屋登记簿确有错误外，以房屋登记簿为准。对于未经登记的建筑，应当按照市、县级人民政府的认定、处理结果进行评估。"经查，案涉房屋系公租房及马某某自建房，自建房未办理产权证，作为营业用房使用。为解决拆补矛盾，乙区城管执法局、乙区政府征补办和建筑职业学院就征收补偿事宜召开会议，形成公租房和建筑职业学院安置房均按完全产权进行评估；自建房评估应在被征收房屋完全产权的评估基础上权益修正20%进行评估；破墙开店用于经营的原公租房按商铺评估，但私自搭建的后厨、操作间、员工宿舍等按照公租房评估；建筑职业学院自愿放弃30%的权益补贴给被征收人等为主要内容的决议。据此，建筑职业学院在2004年与某建筑工程公司签订《土地使用权转让合同》，将案涉国有土地使用权及该宗地上的29栋平房住宅购买，又经甲市人民政府批复，并获发《国有土地使用证》，用于公共教育事业的前提下，形成上述决议，已经尽力对被征收人进行权益补贴。但马某某在房屋征收补偿安置方案明确规定住宅房屋货币补偿或实行就近现房产权调换两种方式的情况下，对其破墙开店的原公租房及未办理产权证的自建房屋，不同意住宅置换，只要求置换商业用房没有法律依据和事实根据。通过破墙开店，将无证的住宅房屋用于商业经营，并不能因此改变房屋属性，不能以合法登记的商业用房标准要求置换商铺。因此，根据本案实际情况，对于破墙开店的房屋以提高补偿标准进行货币补偿，符合本案的客观实际。马某某以没有产权调换，剥夺其选择权的上诉理由不能成立。

关于马某某提出的乙区政府未进行复核评估、评估面积不准确，补偿价格过低问题。《征补条例》第十九条第一款、第二款规定："对被征收房屋价值的补偿，不得低于房屋征收决定公告之日被征收房屋类似房地产的市场价格。被征收房屋的价值，由具有相应资质的房地产价格评估机构按照房屋征收评估办法评估确定。对评估确定的被征收房屋价值有异议的，可以向房地产价格评估机构申请复核评估。对复核结果有异议的，可以向房地产价格评估专家委员会申请鉴定。"《评估办法》第二十条规定："被征收人或者房屋征收部门对评估结果有异议的，应当自收到评估报告之日起 10 日内，向房地产价格评估机构申请复核评估。"本案中，乙区政府于 2016 年 12 月 5 日作出《征收决定》，同日作出《征收公告》，将《征收决定》的内容进行了公告。根据上述规定，评估机构将估价对象价值时点确定为该时间，符合法律规定。马某某收到该《房屋征收价值评估分户表》后，虽然在法庭上强调其向乙区政府提交申请，要求对评估结果进行复核，但因无据证实，一审法院未予认定。乙区政府亦当庭反驳其不是法定复核机构，无权复核，同时强调并未收到复核申请。马某某虽然提出当时向评估机构提交了复核申请，但未提交新的证据支持其主张。关于评估房屋面积是否准确的问题，案涉房屋测量中存在有公房、自建房和房屋附属物，一并进行测量后，根据不同情况进行了分类认定，不存在测量误差问题。故针对马某某提出评估面积不准确、补偿价格过低的上诉理由，不予支持。

关于马某某提出的室内装修价值、机器设备、物资搬迁、停产停业损失未补偿问题，社会稳定风险评估及作出征收补偿决定程序是否合法、适用法律是否正确问题。一审判决已经作出明确认定，该院同意一审判决的相关观点。

综上，一审判决认定事实清楚，程序合法，适用法律、法规正确，马某某的上诉理由不能成立。二审法院依照《中华人民共和国行政诉讼法》第八十九条第一款第一项之规定，判决驳回上诉、维持一审判决。二审案件受理费50元，由马某某负担。

马某某向本院申请再审称，1. 一、二审判决证据认定错误。一审判决关于其提供的第四组、第五组、第六组证据来源合法、真实，但不能证明其主张的认定错误。第四组证据证明其仅领到一页初始的评估分户表，未收到最终的评估报告；第五组证据证明该页评估分户表与《补偿决定》同时送达，乙区政府作出行政行为程序违法；第六组证据证明乙区政府收到其复核申请。该三组证据与本案待证事实有内在的联系，能直接证实其诉求和主张。一、二审判决对乙区政府出示的证据未经查证全部予以认定并采纳，对其质证意见置之不理。乙区政府出示的证据"房屋征收与补偿调查表"中的签名根本不是其本人所写。2. 一、二审判决事实认定主要证据不足、适用法律错误，事实依据不足、违反法定程序。乙区政府未依法进行社会稳定风险评估，征收程序违法；乙区政府未依法公布房屋调查登记结果，一审法院认可该事实，但确认《征收决定》程序合法，存在事实认定错误、适用法律错误；乙区政府作出的征收补偿方案未履行征求公众意见并进行修改后再公布的程序，征收程序违法；

其从未见过《征收决定》，乙区政府未履行及时公告征收决定的义务，违反法律规定，征收程序违法；乙区政府先选评估机构，后发布征收公告，征收程序违法；《补偿决定》将补偿方式限定为货币补偿，剥夺其补偿方式选择权，违反法律规定，明显不当；被征收房屋的价值是根据项目实施单位和与房屋征收当事人有利害关系的项目建设单位召开的局务会议制定的评估办法确定，违背法律规定；乙区政府未向其送达《分户评估报告》，一、二审判决未予审查和认定；《房屋征收价值评估分户表》和《补偿决定》同日送达，征收程序违法；在房屋评估价值基础上上浮是货币补偿的奖励，而不是停产停业损失；《补偿决定》认定其房屋面积严重有误，一、二审判决未予查明；《补偿决定》认定的房屋补偿价格明显低于市场价格，没有法律依据，一、二审判决的作出缺乏事实依据；被征收房屋室内装饰装修价值，机器设备、物资等搬迁费用及停产停业损失等，《补偿决定》没有予以补偿，一、二审判决未予审查及作出认定。故请求撤销一、二审判决，撤销《补偿决定》，并判令乙区政府重新作出合法的行政行为。

再审被申请人乙区政府辩称，1. 一、二审判决认定事实清楚、证据确实充分。本案原审时，其均提交了据以作出《补偿决定》的全部证据。证据来源合法并经法庭质证。2.《补偿决定》未侵害马某某选择补偿方式的权利。马某某在征收过程中及庭审中不能提供证据证实案涉房屋性质属非住宅及系合法商业用房。征收补偿安置方案对住宅明确提供货币补偿和就近现房产权调换，由被征收人自愿选择。3. 案涉房屋价值认定合法有效，《补偿决定》已充分保障马某某的合法权益。丙房地产估价公司于 2017 年 1 月作出评估结果。评估报告依法送达。马某某虽称对评估金额、建筑面积等有异议，但未提供有效的复核结论或房地产价格评估专家委员会鉴定报告。其以具有相应资质的第三方机构作出的评估结果为依据，作出《补偿决定》，符合法律规定。房屋征收部门、房屋征收实施单位会同项目建设单位以会议纪要方式对自建房确定了较高额度的补偿方式，并不违反法律的强制性规定。按照实际建筑面积补偿，并按照评估价格上浮 30%，补偿结果对马某某的财产权益给予了充分保障。故请求驳回马某某的再审请求。

本院经审理查明：2004 年 1 月 9 日，某建筑工程公司与建筑职业学院签订《土地使用权转让合同》，某建筑工程公司将其所有的位于甲市乙区××街道××村 40158 平方米国有土地使用权连同该宗地上的平房住宅 29 栋转让给建筑职业学院。甲市人民政府于 2005 年 10 月 29 日将上述国有土地使用权划拨给建筑职业学院用于新校区的扩建，于 2010 年 11 月 18 日给建筑职业学院颁发了《国有土地使用证》。2016 年 12 月 5 日，乙区政府作出《征收决定》，对建筑职业学院新校区扩建项目建设范围内房屋及附属物进行征收，房屋征收部门为乙区政府征补办；征收实施单位为乙区城管执法局；补偿安置方式为：住宅房屋实行货币补偿或现房产权调换，由被征收人自愿选择；非住宅房屋实行货币补偿。签约期限为评估机构选定结果公布之日起第 7

天开始的 20 日内。该决定还对奖励标准及期限、诉讼及强制搬迁等事宜予以确定。同日，乙区政府作出《征收公告》，对《征收决定》内容进行了公布，并将《征收公告》在征收范围内予以张贴告知。马某某位于乙区××号的自建（无证）房屋在征收范围内。2016 年 12 月 6 日，乙区城管执法局、乙区政府征补办和建筑职业学院就该院新校区扩建项目征收补偿事宜召开会议。会议就征收补偿过程中存在的征收房价格、自建房与公租房的评估差异、商铺的定价等问题形成决议，主要内容为：公租房和建筑职业学院安置房均按完全产权进行评估；自建房评估应在被征收房屋完全产权的评估基础上权益修正 20% 进行评估；破墙开店用于经营的原公租房按商铺评估，但私自搭建的后厨、操作间、员工宿舍等按照公租房评估；建筑职业学院自愿放弃 30% 的权益补贴给被征收人。乙区城管执法局组织征收范围内的被征收人协商选择评估机构。2016 年 12 月 8 日，乙区政府征补办作出《关于某建筑职业技术学院新校区扩建项目评估机构选定结果及签约期限的通告》，确定丙房地产估价公司为案涉项目房屋征收评估机构，签约期限为 2016 年 12 月 14 日至 2017 年 1 月 2 日。2016 年 12 月 13 日，乙区政府在《某市晚报》上刊登了《征收公告》。受乙区城管执法局委托，丙房地产估价公司于 2016 年 12 月 16 日就马某某位于乙区××号的房屋作出《房屋征收价值评估分户表（初始）》。该表的主要内容为：房屋结构为砖木；建成年代为 1956 年；对建筑面积为 40 平方米的有证房屋评估单价为 8665 元/平方米、房屋评估价为 346600 元，对建筑面积为 82.46 平方米的无证房屋评估单价为 3397 元/平方米、房屋评估价为 280117 元。马某某于 2017 年 1 月 19 日领取了《房屋征收价值评估分户表（初始）》。受乙区城管执法局委托，丙房地产估价公司于 2016 年 12 月 18 日作出丙估字（2016）第 8089 号《估价报告书》，案涉项目征收范围内住宅楼房标准价为 4750 元/平方米，临街住宅一楼商铺标准价为 9210 元/平方米。因马某某与房屋征收实施单位在签约期限内未达成安置补偿协议，乙区政府于 2017 年 1 月 17 日作出《补偿决定》，于 2017 年 1 月 19 日通过公证送达的方式向马某某进行了送达。该决定的主要内容为：房屋结构为砖木，用途为营业，入户实测自建（无证）建筑面积 82.46 平方米。经丙房地产估价公司评估，房屋评估价格为 3397 元/平方米。被征收房屋货币补偿金额为 364152 元（在评估价 280117 元的基础上，上浮 30%）；马某某的搬迁费、临时安置补助费、被征收房屋装修及附属物补偿费，由房屋征收实施单位按照征收补偿方案及相关文件规定结算；马某某在该补偿决定公告之日起 15 日内与房屋征收实施单位签订《房屋征收补偿安置协议》，将房屋交付房屋征收实施单位拆除。该补偿决定还告知马某某申请行政复议或提起行政诉讼的权利、期限及强制执行等事项。马某某不服，提起本案诉讼，请求撤销《补偿决定》并判令乙区政府重新作出合法的行政行为。以上事实有《土地使用权转让合同》、甲市人民政府甲政建〔2005〕69 号《关于给某建筑职业技术学院划拨学校扩建用地的批复》、甲国用（2010）第 02336 号《国有土地使用证》、《征收决定》、《征收公告》、乙区城管执法局〔2016〕7号《局务会议纪要》、《评估机构选择表》、乙区政府征补办《关于某建筑职业技术学院新校区扩建项目评估机构选定结果及签约期限的通告》、2016 年 11 月 13 日的《某市晚报》、丙房地产估价公司《房屋征收价值评估分户表（初始）》、《某建筑职业学院新校区扩建项目房屋评估报告申领表》、丙房地产估价公司丙估字（2016）第 8089 号《估价报告书》、《补偿决定》等在卷佐证。

本院认为，再审申请人马某某系对再审被申请人乙区政府于 2017 年 1 月 17 日就案涉自建（无证）房屋作出的《补偿决定》提起本案诉讼。依照《征补条例》第十三条第一款，第十四条，第二十六条第一款、第二款的规定，市、县级人民政府作出的房屋征收决定和房屋征收补偿决定属两种相对独立的行政行为，均具有可诉性。通常认为，尽管市、县级人民政府作出的房屋征收决定是作出房屋征收补偿决定的根本前提，但在被诉行政行为是房屋征收补偿决定，而房屋征收决定并非被诉行政行为的案件审理中，则不宜对房屋征收决定按照对行政行为进行合法性审查的一般标准进行审查，应主要从关联性、合法性、真实性等方面进行证据审查。若房屋征收决定尚未作出，或是房屋征收决定与房屋征收补偿决定针对的房屋无关，或是房屋征收决定的违法性极其严重以至于符合《中华人民共和国行政诉讼法》第七十五条规定的重大且明显违法情形而构成无效行政行为，则被诉房屋征收补偿决定应被认定为主要证据不足。本案中，乙区政府于 2016 年 12 月 5 日作出《征收决定》，同日作出《征收公告》并在征收范围内张贴。乙区政府又于 2016 年 12 月 13 日在《某市晚报》上刊登了《征收公告》。案涉自建（无证）房屋在征收范围内。马某某向本院申请再审，主张乙区政府作出《征收决定》违法，其所称存在未依法进行社会稳定风险评估、未依法公布房屋调查登记结果、未对征收补偿方案履行征求公众意见等程序、未及时公告《征收决定》等情况，涉及是否符合《征补条例》第十条第一款、第十一条第一款、第十二条第一款、第十三条第一款、第十五条等条款的规定。依照《征补条例》第八条的规定，为了公共利益需要，乙区政府可作出房屋征收决定。从马某某所称的这些情况看，难以认定乙区政府作出《征收决定》存在不具有行政主体资格或没有依据等重大且明显违法的情形。故乙区政府作出《征收决定》是否确实存在这些违法之处，应在以《征收决定》为被诉行政行为的案件中解决，本案不予触及。乙区政府作出《征收决定》后，在马某某在签约期限内未签订安置补偿协议的情况下，就案涉房屋的征收补偿作出《补偿决定》具备事实基础。

　　马某某就《补偿决定》提出的再审主张部分不成立。第一，关于评估机构的选定问题。《征补条例》第二十条第一款"房地产价格评估机构由被征收人协商选定；协商不成的，通过多数决定、随机选定等方式确定，具体办法由省、自治区、直辖市制定"及《评估办法》第四条第一款"房地产价格评估机构由被征收人在规定时间内协商选定；在规定时间内协商不成的，由房屋征收部门通过组织被征收人按照少数服从多数的原则投票决定，或者采取摇号、抽签等随机方式确定。具体办法由省、自治区、直辖市制定"的规定并未明确选定评估机构的时点，《甘肃省实施〈国有土地上房屋征收与补偿条例〉若干规定》亦未明确，本案亦无证据显示甘肃省制定的其他规范性文件规定房屋征收决定作出之后方可组织被征收人协商选定评估机构，故即使乙区城管执法局在《征收决定》作出前组织协商选定评估机构，也难以认定违法。丙房地产估价公司在乙区政府征补办于2016年12月8日通告确定其为评估机构后开展房屋征收评估工作，有据可依。第二，关于乙区城管执法局、乙区政府征补办和建筑职业学院就征收补偿事宜形成会议决议的问题。《兰州市国有土地上房屋征收与补偿实施办法》第三十七条第一款规定："征收租赁国有直管房屋，房屋征收部门应先行与被征收人签订征收补偿协议，再按承租人选择的补偿方式分别对被征收人和承租人进行补偿。"第二款规定："被征收人与房屋承租人租赁协议有约定的，从其约定；未约定、约定不明确的按下列规定予以补偿安置：（一）房屋承租人选择货币补偿的，住宅房屋货币补偿金额的30%给被征收人，70%给承租人；非住宅房屋货币补偿金额的40%给被征收人，60%给承租人。（二）房屋承租人选择房屋安置的，房屋征收部门对被征收人就近套入相应户型予以产权调换，互不结算差价，产权调换的房屋仍为国有直管公房，由原承租人继续租赁使用。（三）房屋承租人选择居住权置换产权的，房屋征收部门对承租人按所占70%份额建筑面积就近套入相应户型予以置换，置换后的房屋产权归承租人所有。对被征收人按所占 30% 份额建筑面积予以产权调换，征收范围内的若干房屋所占份额建筑面积可合并累计，由被征收人就近选择对应套型和面积予以产权调换，互不结算差价，原则上整栋整单元安置。"第四款规定："征收租赁其他国有产权的房屋，参照上述款项规定进行补偿安置。"建筑职业学院对案涉建设项目范围内的国有土地及该宗地上平房住宅享有权利，乙区政府征补办系房屋征收部门，乙区城管执法局系征收实施单位，故三个单位就征收范围内公租房、安置房、自建房等如何进行评估相关事宜形成决议符合案涉建设项目的征收补偿实际，且该决议内容相当大程度上体现了建筑职业学院的让利善意。该决议与《征补条例》第二十条第二款"房地产价格评估机构应当独立、客观、公正地开展房屋征收评估工作，任何单位和个人不得干预"及《评估办法》第三条第二款"任何单位和个人不得干预房屋征收评估、鉴定活动。与房屋征收当事人有利害关系的，应当回避"的规定并不冲突。但需注意的是，对于特定房屋的征收补偿，执行该决议应不得违反《征补条例》《评估办法》等规定的补偿评估要求。第三，关于停产停业损失补偿问题。《征补条例》第二十三条规定："对因征收房屋造成停产停业损失的补偿，根据房屋被征收前的效益、停产停业期限等因素确定。具体办法由省、自治区、直辖市制定。"《甘肃省实施〈国有土地上房屋征收与补偿条例〉若干规定》第十四条规定："符合下列条件的，应当给予停产停业损失补偿：（一）被征收房屋所有权证书载明为经营性房屋；（二）依法取得工商营业执照；（三）依法取得相关生产经营许可手续。"马某某提交的相关证据材料难以证明案涉房屋的征收对其造成的损失符合该第十四条规定的给予停产停业损失补偿的条件，其请求停产停业损失补偿缺乏事实根据与法律依据。第四，关于被征收房屋室内装饰装修价值等的补偿问题。《补偿决定》已确定马某某的搬迁费、临时安置补助费、被征收房屋装修及附属物补偿费，由房屋征收实施单位按照征收补偿方案及相关文件规定结算。此种基于特定房屋具体情形作出的处理方式无违《征补条例》第二十五条第一款"房屋征收部门与被征收人依照本条例的规定，就补偿方式、补偿金额和支付期限、用于产权调换房屋的地点和面积、搬迁费、临时安置费或者周转用房、停产停业损失、搬迁期限、过渡方式和过渡期限等事项，订立补偿协议"和第二十六条第二款"补偿决定应当公平，包括本条例第二十五条第一款规定的有关补偿协议的事项"的规定。由于《补偿决定》并未确定具体补偿数额，故马某某若对乙区政府日后确定的具体补偿数额不服，可另行提起行政诉讼，寻求权利救济。

结合马某某就《补偿决定》提出的再审主张，乙区政府作出《补偿决定》存在三个方面的主要证据不足。第一，关于评估结果的作出与送达问题。评估机构提供的被征收房屋评估报告是市、县级人民政府作出补偿决定的基础。《征补条例》第十九条第一款规定："对被征收房屋价值的补偿，不得低于房屋征收决定公告之日被征收房屋类似房地产的市场价格。被征收房屋的价值，由具有相应资质的房地产价格评估机构按照房屋征收评估办法评估确定。"第二款规定："对评估确定的被征收房屋价值有异议的，可以向房地产价格评估机构申请复核评估。对复核结果有异议的，可以向房地产价格评估专家委员会申请鉴定。"《评估办法》第十六条第一款，第十七条第一款、第二款，第二十条第一款，第二十二条等条款对评估、复核评估及鉴定相应做了更具体的规定。本案中，马某某于 2017 年 1 月 19 日领取了《房屋征收价值评估分户表（初始）》。本案并无证据证明该表即是《评估办法》第十七条第一款规定的分户评估报告。即使该表实属分户评估报告，但由于马某某没有表示放弃对评估结果申请复核评估及鉴定的权利，该表与《补偿决定》同日送达，也使马某某失去了在《补偿决定》作出前申请复核评估及鉴定的机会。尽管丙房地产估价公司对案涉建设项目范围内的被征收房屋作出评估标准价，但在马某某对评估结果申请复核评估及鉴定的权利未得到保障的情况下，难以认定该表确定的案涉房屋价值确实不低于类似房地产的市场价格。乙区政府以该表确定的案涉房屋价值为基础作出《补偿决定》，构成主要证据不足。第二，关于案涉房屋面积问题。《征补条例》第十五条规定："房屋征收部门应当对房屋征收范围内房屋的权属、区位、用途、建筑面积等情况组织调查登记，被征收人应当予以配合。调查结果应当在房屋征收范围内向被征收人公布。"本案中，乙区政府提供的证据难以证明房屋征收部门已对案涉自建（无证）房屋的权属、建筑面积等进行调查登记。乙区政府在《补偿决定》中对案涉房屋按 82.46 平方米予以补偿，也构成主要证据不足。第三，关于货币补偿方式问题。《征补条例》第二十一条第一款规定："被征收人可以选择货币补偿，也可以选择房屋产权调换。"第二十四条第二款规定："市、县级人民政府作出房屋征收决定前，应当组织有关部门依法对征收范围内未经登记的建筑进行调查、认定和处理。对认定为合法建筑和未超过批准期限的临时建筑的，应当给予补偿；对认定为违法建筑和超过批准期限的临时建筑的，不予补偿。"案涉房屋系依赖公租房自行搭建，无房屋所有权证。乙区政府没有提供证据证明已对案涉房屋进行调查、认定和处理。在此情况下，马某某对补偿安置方式的选择权也就无从保障。乙区政府在《补偿决定》中将补偿安置方式确定为货币补偿，亦构成主要证据不足。

综上，马某某就《补偿决定》提出的再审主张部分成立，乙区政府作出《补偿决定》主要证据不足，一、二审判决认定事实错误，均应依法撤销。依照《中华人民共和国行政诉讼法》第七十条第一项、第八十九条第一款第二项及《最高人民法院关于适用〈中华人民共和国行政诉讼法〉的解释》第一百一十九条第一款、第一百二十二条之规定，判决如下：

一、撤销甘肃省高级人民法院（2018）甘行终 339 号行政判决；

二、撤销甘肃省武威市中级人民法院（2017）甘 06 行初 221 号行政判决；

三、撤销甘肃省甲市乙区人民政府作出的乙国征补字〔2017〕47号《房屋征收补偿决定书》；

四、甘肃省甲市乙区人民政府于本判决生效之日起两个月内就马某某位于甲市××号的自建（无证）房屋的征收补偿重新作出补偿决定。

一、二审案件受理费共100元，由甘肃省甲市乙区人民政府负担。

本判决为终审判决。

第三章　行政确认案

——甲市人力资源和社会保障局
对梁某某死亡工伤认定案

一、基本案情

2016 年 3 月 31 日，案外人朱某某与某建安集团有限公司（以下简称建安公司）签订《广东省建设工程标准施工合同》，发包人为朱某某，承包人为建安公司，工程名称为朱某某商住楼。尔后，朱某某与建安公司签订《施工合同补充协议》约定，乙方建安公司设立工人工资支付专用账户，户名为陆某某，约定工程款中的工资款经此账户拨付给乙方，按工程进度每月拨付工人工资。随后，朱某某商住楼工程以建安公司为施工单位申请办理工程报建手续，甲市住房和城乡建设局于 7 月 13 日在《甲市建设工程报建登记表》签章同意；于同日签发的《建筑工程施工许可证》《工程建设安全受监证》亦载明施工单位是建安公司。同年 8 月 7 日，朱某某又与梁某某就同一工程签订《建筑工程承包合同》，发包人为朱某某，承包人为梁某某。案涉工程由梁某某组织工人施工，陆某某亦在现场参与管理。施工现场大门、施工标志牌等多处设施的醒目位置，均标注该工程的承建单位为建安公司。

2017 年 6 月 9 日，梁某某与陆某某接到甲市住建部门的检查通知，二人与工地其他人员在出租屋内等待检查。该出租屋系梁某某承租，作为工地开会布置工作和发放工资的场所。当日 15 时许，梁某某被发现躺在出租屋内；甲市中医院出具的《居民死亡医学证明（推断）书》载明其死亡原因为猝死。

梁某某妻子刘某某于同年 7 月 25 日向甲市人力资源和社会保障局（以下简称甲市人社局）递交《工伤认定申请表》，以梁某某为建安公司职工，且在工作时间、工作岗位死亡为由申请工伤认定。9 月 25 日，甲市人社局作出甲人社工认〔2017〕194 号《视同工亡认定书》，认定梁某某是在工作时间和工作岗位，突发疾病在四十八小时之内经抢救无效死亡，据此，认定梁某某死亡属视同因工死亡。因甲市人社局作出的《视同工亡认定书》中将用人单位写为"某建安集团公司甲市公司"，在建安公司甲市公司提出复议申请后，甲市人社局作出更正说明，将用人单位更正为"某建安集团有限公司"。另，建安公司为朱某某商住楼工程项目向某财产保险股份有限公司广东分公司投保了建筑工程施工人员团体人身意外伤害保险，保险单载明被保险人 30 人，未附人员名单。

二、要件评析

本案为依申请的行政确认案件，下面结合本案，重点分析归纳本案涉及的认定工伤执法事项、案件要件。

1. 关于组织要件

依据 2011 年《工伤保险条例》（国务院令第 586 号，有效期间为 2011 年 1 月 1 日起至今）第十七条、第十九条、第二十条及 2011 年《工伤认定办法》（人力资源和社会保障部令第 8 号，有效期间为 2011 年 1 月 1 日起至今）等规定，工伤认定执法组织为省级社会保险行政部门、设区的市级社会保险行政部门，或者县级社会保险行政部门三类执法组织。

第一，在事项管辖上，区别社会保险行政部门与其他行政执法组织，包括其设立的社会保险经办机构，工伤认定的事项管辖权在社会保险行政部门，不在其他执法组织，包括其设立的社会保险经办机构。

案情指示"梁某某妻子刘某某于同年 7 月 25 日向甲市人力资源和社会保障局（以下简称甲市人社局）递交《工伤认定申请表》，以梁某某为建安公司职工，且在工作时间、工作岗位死亡为由申请工伤认定。9 月 25 日，甲市人社局作出甲人社工认〔2017〕194 号《视同工亡认定书》，认定梁某某是在工作时间和工作岗位，突发疾病在四十八小时之内经抢救无效死亡，据此，认定梁某某死亡属视同因工死亡"。这说明，本案的社会保险行政部门为甲市人社局，最高人民法院在判决书中对此要件事实未予明确确认。

第二，在地域管辖上，总体上由统筹地区社会保险行政部门管辖，具体由哪个统筹地区的社会保险行政部门管辖分不同情况。依照《人力资源社会保障部关于执行〈工伤保险条例〉若干问题的意见（二）》（人社部发〔2016〕29号，有效期间为2016年3月28日起至今）"用人单位注册地与生产经营地不在同一统筹地区的，原则上应在注册地为职工参加工伤保险；未在注册地参加工伤保险的职工，可由用人单位在生产经营地为其参加工伤保险。劳务派遣单位跨地区派遣劳动者，应根据《劳务派遣暂行规定》参加工伤保险。建筑施工企业按项目参保的，应在施工项目所在地参加工伤保险。职工受到事故伤害或者患职业病后，在参保地进行工伤认定、劳动能力鉴定，并按照参保地的规定依法享受工伤保险待遇；未参加工伤保险的职工，应当在生产经营地进行工伤认定、劳动能力鉴定，并按照生产经营地的规定依法由用人单位支付工伤保险待遇"的规定，以及2011年《工伤保险条例》有关规定，对已经参保的职工、雇工工伤认定，由其用人单位缴纳工伤保险费的统筹地区的社会保险行政部门管辖，未参保的职工、雇工工伤认定，由其所在的用人单位的生产经营地（职工、雇工工作地）的统筹地区的社会保险行政部门管辖。

用人单位是本要件中的关键要件，地域管辖的确定总是与用人单位的确定联系在一起。同时，用人单位要件在整个工伤认定要件体系中也属于重要要件。对于工伤认定上的用人单位的确定，依2011年《工伤保险条例》第二条第一款、第六十二条第二款、第六十五条、第六十六条第一款的规定，以及《人力资源社会保障部关于执行〈工伤保险条例〉若干问题的意见

（二）》的前引规定，用人单位是指统筹地区企业、事业单位、社会团体、民办非企业单位、基金会、律师事务所、会计师事务所等组织和有雇工的个体工商户，包括应当参加工伤保险而未参加工伤保险的单位，不包括国家机关，不包括全员为公务员或者参照公务员法管理的事业单位、社会团体，不包括个体工商户以外的非组织，不包括非法组织。

依照《人力资源和社会保障部关于执行〈工伤保险条例〉若干问题的意见》（人社部发〔2013〕34号，有效期间为2013年4月25日起至今）"具备用工主体资格的承包单位违反法律、法规规定，将承包业务转包、分包给不具备用工主体资格的组织或者自然人，该组织或者自然人招用的劳动者从事承包业务时因工伤亡的，由该具备用工主体资格的承包单位承担用人单位依法应承担的工伤保险责任"的规定，符合本规定要件的，具备用工主体资格的承包单位按照规定承担工伤保险责任，实际上是将具备用工主体资格的承包单位视为二次承包的不具备用工主体资格的组织或者自然人所招用劳动者的用人单位，即视为2011年《工伤保险条例》所指用人单位。二次承包的组织具备用工主体资格的，以其为用人单位。

本案甲市人社局将用人单位确定为建安公司，其是否为依法成立的公司，其注册地与生产经营地是否在同一统筹地区，如不在同一统筹地区，其注册地是否在甲市辖区内，如不在甲市辖区内，其是否已经在其注册地为梁某某缴纳工伤保险费等，在案情中和最高人民法院判决书中均未表述，这些情况都将影响地域管辖权的确定。从职工反推用人单位和地域管辖，首先应先确定梁某某是否已由建安公司参保，如参保了，在何地参保，是注册地还是生产经营地，此地统筹地区的社会保险行政部门具有管辖权；如未参保，"建安公司的梁某某"所在的生产经营地即甲市所在的统筹地区的社会保险行政部门具有管辖权。这些事实在案件中应当予以确认。

关于建安公司是否应为承担工伤保险责任的单位，也就是是否视其为梁某某的用人单位，案情未表述，最高人民法院在判决书"（一）建安公司应否作为承担工伤保险责任的单位"中已经说清，认为建安公司应为本案承担工伤保险责任的单位，因有关论述内容较长，这里不再引用，可参看判决书中有关内容。

第三，在级别管辖上，省级、设区的市级、县级社会保险行政部门都具有管辖权，主要看统筹地区设在哪一级，由谁提出工伤认定申请。依 2011 年《工伤保险条例》第十七条第一款、第二款、第三款的规定，省级统筹的，用人单位提出工伤认定申请的，由其所在设区的市级社会保险行政部门管辖，不在设区的市的，比如在直辖市直属的县，应由直辖市社会保险行政部门管辖。需特别注意的是，职工或者其近亲属、工会组织提出工伤认定申请的，一律由省级社会保险行政部门管辖。设区的市级、县级统筹的，相应的设区的市级、县级社会保险行政部门为工伤认定执法主体。需特别注意的是，统筹地区社会保险行政部门，依 2011 年《工伤保险条例》第十七条的文义，以及下文提到的《国务院关于建立城镇职工基本医疗保险制度的决定》（国发〔1998〕44 号，有效期间为 1998 年 12 月 14 日起至今）中的有关规定，并非指统筹地区内的所有级别的社会保险行政部门，而是特指与统筹地区级别相应的社会保险行政部门，其实质原因在于工伤认定与工伤保险基金支出直接挂钩，而工伤保险基金总额，以及实现"以支定收、收支平衡"原则是在与统筹地区级别相应的社会保险行政部门层级才能控制、把握的。实践中，有些地方对于工伤认定级别管辖问题比较混乱，应当依法予以纠正。

统筹地区要件是本要件中的关键要件，直接决定或者影响级别管辖要件。统筹地区是指与工伤认定相关联的工伤保险基金的统筹地区，具体由哪一级统筹，2011 年《工伤保险条例》未作规定，仅在第十一条规定逐步实行省级统筹。经查 2011 年《社会保险法》（有效期间为 2011 年 7 月 1 日起至 2018 年 12 月 28 日止），该法未对基本养老保险、基本医疗保险、工伤保险、失业保险、生育保险等社会保险险种基金统筹地区作出区别规定，可以推定，在没有特别规定的前提下，工伤保险基金的统筹地区与其他社会保险统筹地区相同。《国务院关于建立城镇职工基本医疗保险制度的决定》规定"基本医疗保险原则上以地级以上行政区（包括地、市、州、盟）为统筹单位，也可以县（市）为统筹单位，北京、天津、上海 3 个直辖市原则上在全市范围内实行统筹（以下简称统筹地区）"，推定工伤保险基金统筹地区的规定与上述规定相同。无论统筹地区在实际上设在哪一级，在准确确定级别管辖基础上而确定的工伤认定执法主体都应当将工伤认定执法事项向社会公开，以便相关人员查询办理。

本案甲市为县级市，并非设区的市，其是否为工伤保险统筹地区案情和判决书均未表述，如甲市不是统筹地区，则甲市人社局对包括本案在内的各类工伤认定案件均无管辖权。

第四，在对人管辖上，依照2011年《社会保险法》第三十六条的规定，限于因工作原因受到事故伤害或者患职业病的职工，这里的职工依2011年《工伤保险条例》第二条第一款的规定，包括我国境内的企业、事业单位、社会团体、民办非企业单位、基金会、律师事务所、会计师事务所等组织的职工和个体工商户的雇工，是指依法可以享受工伤保险待遇的人员。从第二条第二款文义看，应指用人单位的全部工作人员、含管理人员，但不包括作为雇主的个体工商户等。

依法可以享受工伤保险待遇的人员是本要件中的关键要件。对人管辖的确定，一般情况下，工伤认定对象与法定参保对象与可以享受工伤保险待遇的具体人员三者相对应，确定了法定参保对象即可确定具体的享受工伤保险待遇的人员即可确定具体的工伤认定对象，但是，在法律明确规定法定参保对象与可以享受工伤保险待遇的人员不一致时，应着重考虑工伤认定的目的是确定享受工伤保险待遇的具体人员，而不是确定参保对象，此时应以法定可以享受工伤保险待遇的人员作为确定工伤认定对人管辖的标准，而不能以参保对象为标准，虽属法定参保对象但依法不能享受工伤保险待遇的人员不宜列入管辖范围，否则相关人员即使被认定为工伤，依法亦不能享受工伤保险待遇，这就丧失了工伤认定的目的，使相关人员和社会保险行政部门徒费周折。上述个体工商户不能纳入工伤认定人员范围即是因此，这也是本案在最高人民法院审理中的一个焦点问题，关于这个问题及有关问题在下述脚注中将进一步说明。

用人单位、劳动者与对人管辖范围的一般关系，结合前述对用人单位的分析，非组织的个人除个体工商户外，其招用的劳动者一般不纳入工伤认定对人管辖范围（有例外，见下述），合法组织的合法职工全部纳入工伤认定对人管辖范围，合法组织招用的未签订书面劳动合同的具备主体资格的劳动者，有条件的纳入工伤认定对人管辖范围。合法但不具备用工主体资格的组织，其招用的劳动者一般不纳入工伤认定对人管辖范围（有例外，见下述）。非法组织招用的劳动者全部不纳入工伤认定对人管辖范围。

依 2011 年《工伤保险条例》第十八条第一款第（二）项和《劳动和社会保障部关于确立劳动关系有关事项的通知》（劳社部发〔2005〕12 号，有效期间为 2005 年 5 月 25 日起至今），职工、雇工包含法律上和事实上的职工、雇工，依 2011 年《社会保险法》第九十七条的规定，含外国职工、雇工。依 2011 年《工伤保险条例》第六十五条的规定，职工、雇工不含公务员、参照公务员管理的人员，依第六十六条等规定推定，不含不具备主体资格的劳动者。依照《人力资源和社会保障部关于执行〈工伤保险条例〉若干问题的意见》前引规定，在事实承包中，符合规定的要件，事实上二次承包的组织或者自然人招用的劳动者属对人管辖范围，从文义看，不包括作为事实上的二次承包人的自然人，同时，参考 2011 年《工伤保险条例》第六十六条和《劳动和社会保障部关于确立劳动关系有关事项的通知》的有关规定，被招用的劳动者亦应当符合法律、法规规定的主体资格。

对于行政执法，必须在执法规范的文义之内作出执法决定。严格执法，执法的首要要求是"严"，公正司法，司法的首要要求是"公"，两者要求不同，这也决定了执法解释与司法解释的不同，显然，司法机关就一个案件作出一种解释，不代表执法组织就同一个案件也可以作出同样解释。行政执法也要求公正，但这种公正主要是指严格执法基础上的公正，是执法规范内的公正，而司法执法的公正要求，应具有实质公正的意义。执法解释与司法解释，执法组织的解释与司法机关的解释很不相同，两者的区别笔者在《行政执法解释理论与实务技术操作：行政执法决定的方法》① 一书中已经讨论过，这里不再展开。

第五，在时效管辖上，及于特定社会保险行政部门成立以前、本地区建立工伤保险基金以后的工伤。本要件落实情况，案情和判决书未论及。

---

① 夏云峰：《行政执法解释理论与实务技术操作：行政执法决定的方法》，中国法制出版社 2020 年版。

具体的社会保险行政部门的确定，即执法组织与工伤认定执法职能、执法事项、案件的对应关系，依照上述有关规定，由相应的"三定"规定及其他编制文件确定①。本案中，本案与甲市人社局及其"三定"规定之间的关系，案情和判决书未论及。

关于本类执法的执法人员条件要件，2011 年《工伤认定办法》第十条明确"社会保险行政部门进行调查核实，应当由两名以上工作人员共同进行，并出示执行公务的证件"。就整个工伤认定案件承办而言，一般不应少于两人。本要件落实情况，案情和判决书未论及。

2. 关于依据要件

案涉工伤认定执法事项由 2011 年《社会保险法》第三十六条设定，其相对人角度的要件由该条及 2011 年《工伤保险条例》、2011 年《工伤认定办法》等规定。

本事项的行为（申请）时间要件，依 2011 年《工伤保险条例》第十七条第一款、第二款，2011 年《工伤认定办法》第四条第一款、第五条的规定有两类：一类是职工所在用人单位为其职工申请工伤认定的，应自该职工发生事故伤害之日或者被诊断、鉴定为职业病之日起 30 日内，遇有特殊情况，经报社会保险行政部门同意，申请时限可以适当延长；另一类是职工或其近亲属、其所在工会，在用人单位未在其申请期限内提出工

---

① "三定"规定在"定职责"方面通常解决的是横向事项管辖问题，但是，高质量的"三定"规定，尤其是作为"定职责"细化的"权责清单"应能解决各种管辖问题，不限于事项管辖。

伤认定申请情况下，可以自该职工发生事故伤害之日或者被诊断、鉴定为职业病之日起 1 年内提出申请。一是用人单位在其申请期限内，含被延长期限内应当依法提出申请。二是在用人单位申请期限内，含被延长期限内，职工及其近亲属、其所在工会不能提出申请，只能在用人单位申请期限外，法定期限 1 年内提出申请。但是，用人单位在其申请期限内明示其不申请或者不认为涉事职工为其职工，或者不认为是工伤的，应当除外。此种情况，职工及其近亲属、其所在工会应当可以在用人单位申请期限内提出申请。三是用人单位超出其申请期限含延长期限，不得提出申请。在其申请期限内，其向社会保险行政部门或者职工及其近亲属、其所在工会明确表示不申请，之后又在申请期限内提出申请，其间职工及其近亲属、其所在工会尚未提出申请的，应当准许。四是用人单位申请的延长期限应当适当并有充分理由，且须保障职工及其近亲属、其所在工会提出申请具有充足时间。

本事项的行为（申请）地点要件，为特定社会保险行政部门的办公场所或其指定的地点。

本事项的行为（申请）主体要件，依 2011 年《工伤保险条例》第十七条第一款、第二款，2011 年《工伤认定办法》第四条第一款、第五条的规定有两类：一类是职工所在用人单位；另一类是职工或其近亲属、其所在工会。对职工所在用人单位而言，其为其发生事故伤害或者被诊断、鉴定为职业病的职工申请工伤认定是法律义务，不履行本义务的法律责任第十七条第四款规定为"用人单位未在本条第一款规定的时限内提交工伤认定申请，在此期间发生符合本条例规定的工伤待遇等有关费用由该用人单位负担"。对职工或其近亲属、其所在工会而言，申请工伤认定是其法律权利，其可以依法行使，也可以放弃。

本事项的行为（申请）意识要件，对用人单位和工会，只要依法成立即为有申请工伤认定的行为能力。对职工或其近亲属应当具有完全民事行为能力，均属无民事行为能力的，依民法有关规定确定职工的监护人，由监护人代理申请工伤认定，均属限制行为能力的，因申请工伤认定较为复杂，也应由职工的监护人代理。职工死亡，其近亲属均为无民事行为能力或限制行为能力的，由近亲属的监护人代理申请工伤认定。监护人履行代理工伤认定的职责时，应当履行 2009 年《民法通则》、2011 年《工伤保险条例》等规定的义务。

本事项的实行（申请）行为要件，依 2011 年《工伤保险条例》第十七条第一款、第二款、2011 年《工伤认定办法》第四条第一款、第五条的规定，为实际、准确、完全申请工伤认定。实际实行是指事实上申请了工伤认定。准确实行是指依照 2011 年《工伤保险条例》第十八条第一款和第二款、2011 年《工伤认定办法》第六条的规定，准确填写、提交有关材料。完全实行是指依照 2011 年《工伤保险条例》第十八条第三款、2011 年《工伤认定办法》第八条第一款的规定，在规定时限内完整补正材料等。

申请工伤认定的内容应当符合法定要件。本事项申请工伤认定内容的事项有构成工伤和构成视同工伤，又可以细分为构成工伤、构成工亡，与构成视同工伤、构成视同工亡，依情形不同，可以进一步细分。细分事项分别有不同的要件。以本案涉及的构成因工作视同工亡事项为例，依照 2011 年《工伤保险条例》有下列构成要件：（1）申请认定的对象为依法可以享受工伤保险待遇的职工；（2）在工作时间；（3）在工作岗位；（4）突发疾病；（5）死亡。有两种情形，当场死亡，或者在 48小时之内经抢救无效死亡。

法律特别规定的阻却要件：（1）故意犯罪致死；（2）醉酒致死；（3）吸毒致死；（4）自残或者自杀致死。

每个要件的含义，参考有关规定，本节有关论述，法理和常识常理。

依申请执法要件较为复杂，通常有四类构成要件，一是构成申请的事项的要件，上述构成因工作视同工亡要件即属此类要件；二是构成事项的申请的要件，本节"2. 关于依据要件"中的要件皆属此类；三是构成依申请执法决定的要件，本节"二、要件评析"中，除"6. 关于决定要件"外讨论的要件，皆属此类要件；四是从执法办案看，还有构成全案的要件，本节"二、要件评析"中的所有要件皆属此类要件。这四类要件，依次是包含于的关系，都是执法人员必须考虑的方面，都是执法办案必须"有"的东西。关于这个问题，请参考《行政执法解释理论与实务技术操作：行政执法决定的方法》有关内容，这里不再展开。

本事项的行为（申请）对象要件为具有工伤认定管辖权的执法组织，见本节"1. 关于组织要件"内容。

本事项的行为（申请）结果要件为被予以受理、被认定为工伤。

本事项的因果关系要件为实行（申请）行为是行为（申请）结果的原因。

3. 关于根据要件

下面对照案涉事项法律依据要件分类分析本案事实根据要件事实。

关于本案行为（申请）时间要件事实，案情指示为工伤认定对象梁某某于2017年6月9日死亡，其妻刘某某"于同年7月25日向甲市人力资源和社会保障局（以下简称甲市人社局）递交《工伤认定申请表》，以梁某某为建安公司职工，且在工作时间、工作岗位死亡为由申请工伤认定"。这一事实说明本案属近亲属在规定时限内申请。案情未表述关联的建安公司是否申请工伤认定的事实，从判决书看，建安公司认为梁某某"是案涉工程项目的实际施工人（即'包工头'），与建安公司之间不存在劳动关系，也不存在违法转包、分包关系或工程内部承包关系。'包工头'不属于享受工伤保险待遇的劳动者范畴"，这说明建安公司是否申请工伤认定的事实应是，未在规定时限内提出申请。

关于本案行为（申请）地点要件事实，案情表述未涉及，从本案已经作出工伤认定决定的事实结果看，本要件事实应是，在甲市人社局办公场所或其指定的场所进行的申请。

关于本案行为（申请）主体要件事实，案情指示为"梁某某妻子刘某某"，这一事实说明梁某某之妻刘某某行使了申请工伤认定的法律权利，同时，这一事实表述从要件要求角度来说不够完全，还应表述用人单位申请情况。从判决书前述内容看，则视为用人单位的建安公司申请工伤认定的事实应是，未申请。

关于本案行为（申请）意识要件事实，案情未涉及，从本案已经作出工伤认定决定的事实结果看，本要件事实应是，申请人刘某某是完全民事行为能力人。

本案实行（申请）行为要件事实，案情表述未涉及，从本案已经作出工伤认定决定的事实结果看，本要件事实应是，申请人刘某某已经按要求实际、准确、完全申请了本案的工伤认定。

本案行为（申请）对象要件事实为甲市人社局，其管辖权事实情况，案情未论及。最高人民法院在判决书中归纳争议焦点，重点认定了建安公司为本案承担工伤保险责任的单位，即视其为本案用人单位的事实作了论述，重点认定了建安公司应承担梁某某工伤保险责任，认定梁某某作为"包工头"属参保对象，属享受工伤保险待遇的人员的事实，但是，未将这些事实与甲市人社局对本案的地域管辖、对人管辖相关联。有关本要件事实要求的分析论述见本节"1. 关于组织要件"和判决书有关内容，这里不再重述。

本案行为（申请）结果要件事实如案情表述为"甲市人社局作出甲人社工认〔2017〕194号《视同工亡认定书》，认定梁某某是在工作时间和工作岗位，突发疾病在四十八小时之内经抢救无效死亡，据此，认定梁某某死亡属视同因工死亡"。从这一决定事实看，甲市人社局认为其执法办案事实情况，申请人刘某某工伤认定事项申请事实情况，申请的因工作视同工亡事项事实情况，完全符合本题组织要件、依据要件、根据要件、证据要件、理由等程序要件、决定要件要求。

本案因果关系要件事实为，刘某某的工伤认定的申请是甲市人社局作出视同工亡认定的原因。

4. 关于证据要件

下面对照案涉事项法律依据要件分类分析本案证据要件。

本案案情中，刘某某提交的由刘某某、甲市人社局工作人员双方填写并加盖甲市人社局印章的《工伤认定申请表》，如系依照2011年《工伤认定办法》附具的相关格式文书完全、真实、规范填写，可以证明本案的行为（申请）时间要件事实、行为（申请）地点要件事实，能够部分证明行为（申请）主体要件事实、实行（申请）行为要件事实、行为（申请）对象要件事实，能够推定出行为（申请）意识要件事实。由此，符合证据要求的已填写的《工伤认定申请表》是工伤认定的重要证据。

对于行为（申请）主体要件事实，除上述《工伤认定申请表》外，还应当具有刘某某与梁某某夫妻关系的证据，案情和判决书未涉及。宜具有建安公司未在规定时限内提出申请的事实推定或者执法认知证明或者证据，案情和判决书未涉及。

对于实行（申请）行为要件事实，除上述《工伤认定申请表》外，因本案作出的决定是因工作视同工亡，重点应当对申请内容构成因工作视同工亡事项要件事实予以证明，主要是证据证明，同时，对阻却作出本决定的要件予以证明排除。案情显示本类要件的证据为"甲市中医院出具的《居民死亡医学证明（推断）书》载明其死亡原因为猝死"，最高人民法院在判决书中提到"甲市人社局还依照法定程序派员到施工现场进行现场勘查、询问了证人，并收集了相关证据材料"，但并未详细说明证据名称、种类和具体证明对象，并未明确是否予以采信，仅说"符合法定程序"。

对于《居民死亡医学证明（推断）书》这一证据，可以证明梁某某死亡，所载"原因"为猝死，可以证明系当场死亡，但是，这一证据并未载明猝死是因为突发疾病还是其他原因，不能排除有关阻却要件，甲市人社局在调查取证时，应进一步核实猝死原因。对于在工作时间、工作岗位两个构成要件，甲市人社局在现场勘查、询问证人并形成有关笔录的情况下，可以予以证明。对于梁某某属依法可以享受工伤保险待遇的职工这一要件，甲市人社局是如何证明的及有关证据，案情和判决书中未论及。对这一要件，最高人民法院在判决书中通过《广东省建设工程标准施工合同》、《施工合同补充协议》、建安公司指定用户名为陆某某的账户为工人工资支付专用账户、陆某某现场参与梁某某组织工人施工的管理有关证据等，建立建安公司与梁某某事实上的联系，通过适用《人力资源和社会保障部关于执行〈工伤保险条例〉若干问题的意见》《最高人民法院关于审理工伤保险行政案件若干问题的规定》等建立建安公司与梁某某法律上的联系，并通过扩大解释法定享受工伤保险待遇人员范围等，对梁某某属依法可以享受工伤保险待遇的职工这一要件进行了论证。详情参考判决书有关内容和本节前述，不再展开。

对于行为（申请）对象要件事实，关键是要证明甲市人社局对本案具有管辖权，这一要件包含于组织要件之中，对这一要件的要求见"1. 关于组织要件"。对照管辖权要件要求，具有事项管辖权的证据，主要是甲市人社局的"三定"规定等，具有地域管辖权、级别管辖权的证据主要在规定甲市为统筹地区的文件、建安公司的营业执照等中。具有对人管辖权的证据主要在梁某某属依法可以享受工伤保险待遇的职工的证据。这些证据在案情和判决书中多未表述。

行为（申请）结果要件事实的证据，为甲人社工认〔2017〕194号《视同工亡认定书》，同时，从全案看，本案所有要件事实的证据均为本要件事实证据。

对于因果关系要件事实，采事实推定予以证明。

依申请执法要件事实的证明责任，一般而言，相对人应对其主张的要件事实承担证明责任，执法规范或者执法政策规定由执法组织予以证明的，由执法组织承担证明责任，法律、法规规定由相关人予以证明的，由相关人承担证明责任。[①] 比如，实行证明事项和涉企经营许可事项告知承诺制的领域，一些执法事项相对人证明责任按照规定转移至执法组织。同时，相对人、相关人有权对有利于自己的主张的要件事实予以证明。无论执法要件事实的证明责任在何，执法组织都必须对自己的决定（主张）的构成要件事实和阻却要件事实承担证明责任。

5. 关于理由等程序要件

工伤认定的执法程序并不复杂，与行政许可有很多相似的要件，主要规定在 2011 年《工伤保险条例》、2011 年《工伤认定办法》中，2011 年《社会保险法》中也有部分规定。

依 2011 年《社会保险法》第三十六条第二款、2011 年《工伤认定办法》第三条的规定，工伤认定程序总体要求是，客观公正、简捷方便（此两者亦属实体要求），向社会公开。法定程序要件主要有以下几个。

（1）回避。依 2011 年《工伤保险条例》第二十条第四款、2011 年《工伤认定办法》第十六条的规定，社会保险行政部门工作人员与工伤认定申请人有利害关系的，应当回避。这里的

[①]　如本案涉及的《工伤保险条例》第十九条第二款规定，职工或者其近亲属认为是工伤，用人单位不认为是工伤的，由用人单位承担举证责任。举证责任与证明责任有一定区别，见有关著作文章。本段作为共性评析，下文不再重述，后文共性评析不再提示。

回避应是指全案回避。

（2）提供与指导。依 2011 年《工伤保险条例》第十八条第一款、第二款，2011 年《工伤认定办法》第六条等规定，应向申请人提供并指导申请人填写《工伤认定申请表》格式文书，指导申请人提交法定证明材料。

（3）受理前审核。依 2011 年《工伤保险条例》第十八条第三款、2011 年《工伤认定办法》第八条第一款的规定，社会保险行政部门收到工伤认定申请后，应当对申请人提交的材料进行审核，材料完整的，作出受理或者不予受理的决定；材料不完整的，应当以书面形式一次性告知申请人需要补正的全部材料。注意书面告知补正材料要件，属可选要件。

（4）受理。依 2011 年《工伤保险条例》第十八条第三款、2011 年《工伤认定办法》第七条的规定，工伤认定申请人提交的申请材料符合要求，属于社会保险行政部门管辖范围且在受理时限内的，社会保险行政部门应当受理。

（5）受理后审核。依 2011 年《工伤保险条例》第十九条第一款、2011 年《工伤认定办法》第九条至第十五条的规定，社会保险行政部门受理工伤认定申请后，根据审核需要可以对事故伤害进行调查核实，用人单位、职工、工会组织、医疗机构以及有关部门应当予以协助。对依法取得职业病诊断证明书或者职业病诊断鉴定书的，社会保险行政部门不再进行调查核实。等等。

受理后审核要件分书面审核和调查核实两类要件，调查核实分自行调查核实与委托调查核实。调查核实时应当出示执法证件。调查核实属可选要件，但从全案要件事实核定看，因要件事实较多，一般应当作为必选要件对待。

（6）送达。依 2011 年《工伤认定办法》第二十二条等规定，《工伤认定申请补正材料告知书》《工伤认定申请受理决定书》《工伤认定申请不予受理决定书》《工伤认定决定时限中止通知书》《认定工伤决定书》《不予认定工伤决定书》等执法文书应当依法送达申请人、相关人。

（7）期间。

①受理前审核期间。依 2011 年《工伤认定办法》第八条第一款的规定，社会保险行政部门收到工伤认定申请后，应当在 15 日内对申请人提交的材料进行审核。

②受理决定期间。依 2011 年《工伤认定办法》第八条第一款的规定，自申请人提交完整材料之日起，社会保险行政部门应当在 15 日内作出受理或者不予受理的决定。

③工伤认定决定期间。依 2011 年《工伤保险条例》第二十条第一款至第三款，2011 年《工伤认定办法》第十八条、第二十条、第二十一条的规定，社会保险行政部门对受理的事实清楚、权利义务明确的工伤认定申请，应当在 15 日内作出工伤认定的决定；自受理工伤认定申请之日起 60 日内作出工伤认定的决定；社会保险行政部门受理工伤认定申请后，作出工伤认定决定需要以司法机关或者有关行政主管部门的结论为依据的，在司法机关或者有关行政主管部门尚未作出结论期间，作出工

伤认定决定的时限中止，并书面通知申请人。

④送达期间。依 2011 年《工伤保险条例》第二十条第一款、2011 年《工伤认定办法》第二十二条的规定，社会保险行政部门应当自工伤认定决定作出之日起 20 日内，将《认定工伤决定书》或者《不予认定工伤决定书》送达受伤害职工（或者其近亲属）和用人单位，并抄送社会保险经办机构。

其他执法文书应当及时送达，从制作完成起，一般不宜超过 20 日。

⑤案卷保存期间。依 2011 年《工伤认定办法》第二十四条的规定，工伤认定结束后，社会保险行政部门应当将工伤认定的有关资料保存 50 年。此期间，应包括作出不予受理决定的案卷保存期间。

以上程序要件在工伤认定执法办案时应当落实并予以记录。

本案案情陈述了刘某某申请时间为 2017 年 7 月 25 日，甲市人社局决定时间为同年 9 月 25 日，但未表述受理时间，无法判断这一事实是否符合工伤认定决定期间要件的规定。其他要件案情未涉及。最高人民法院在判决书中对受理后审核要件中的调查核实要件进行了确认，其他要件未涉及。

6. 关于决定要件

工伤认定执法决定要件本身，依照 2011 年《工伤保险条例》、2011 年《工伤认定办法》应当满足下列要件：（1）决定性质为行政确认；（2）书面形式；（3）决定书要素依照 2011 年

《工伤认定办法》第十九条，以及其附着的《认定工伤决定书》《不予认定工伤决定书》格式文书中的格式语句和待填语句确定；（4）决定书内容为认定、不予认定为工伤（亡），或者认定、不予认定为视同工伤（亡）。

工伤认定决定法定要件相对简单，本案案情和判决书对这些要件的落实多有涉及，为节省篇幅，这里不再展开评析。

三、相关规定

1.2011年《社会保险法》（有效期间为2011年7月1日起至2018年12月28日止）

第三十六条　职工因工作原因受到事故伤害或者患职业病，且经工伤认定的，享受工伤保险待遇；其中，经劳动能力鉴定丧失劳动能力的，享受伤残待遇。

工伤认定和劳动能力鉴定应当简捷、方便。

第九十七条　外国人在中国境内就业的，参照本法规定参加社会保险。

2. 2011年《工伤保险条例》（国务院令第586号，有效期间为2011年1月1日起至今）

第二条　中华人民共和国境内的企业、事业单位、社会团体、民办非企业单位、基金会、律师事务所、会计师事务所等组织和有雇工的个体工商户（以下称用人单位）应当依照本条例规定参加工伤保险，为本单位全部职工或者雇工（以下称职工）缴纳工伤保险费。

中华人民共和国境内的企业、事业单位、社会团体、民办非企业单位、基金会、律师事务所、会计师事务所等组织的职工和个体工商户的雇工，均有依照本条例的规定享受工伤保险待遇的权利。

第五条 国务院社会保险行政部门负责全国的工伤保险工作。

县级以上地方各级人民政府社会保险行政部门负责本行政区域内的工伤保险工作。

社会保险行政部门按照国务院有关规定设立的社会保险经办机构（以下称经办机构）具体承办工伤保险事务。

第十一条 工伤保险基金逐步实行省级统筹。

跨地区、生产流动性较大的行业，可以采取相对集中的方式异地参加统筹地区的工伤保险。具体办法由国务院社会保险行政部门会同有关行业的主管部门制定。

第十四条 职工有下列情形之一的，应当认定为工伤：

（一）在工作时间和工作场所内，因工作原因受到事故伤害的；

（二）工作时间前后在工作场所内，从事与工作有关的预备性或者收尾性工作受到事故伤害的；

（三）在工作时间和工作场所内，因履行工作职责受到暴力等意外伤害的；

（四）患职业病的；

（五）因工外出期间，由于工作原因受到伤害或者发生事故下落不明的；

（六）在上下班途中，受到非本人主要责任的交通事故或者城市轨道交通、客运轮渡、火车事故伤害的；

（七）法律、行政法规规定应当认定为工伤的其他情形。

第十五条　职工有下列情形之一的，视同工伤：

（一）在工作时间和工作岗位，突发疾病死亡或者在 48 小时之内经抢救无效死亡的；

（二）在抢险救灾等维护国家利益、公共利益活动中受到伤害的；

（三）职工原在军队服役，因战、因公负伤致残，已取得革命伤残军人证，到用人单位后旧伤复发的。

职工有前款第（一）项、第（二）项情形的，按照本条例的有关规定享受工伤保险待遇；职工有前款第（三）项情形的，按照本条例的有关规定享受除一次性伤残补助金以外的工伤保险待遇。

第十六条　职工符合本条例第十四条、第十五条的规定，但是有下列情形之一的，不得认定为工伤或者视同工伤：

（一）故意犯罪的；

（二）醉酒或者吸毒的；

（三）自残或者自杀的。

第十七条　职工发生事故伤害或者按照职业病防治法规定

被诊断、鉴定为职业病，所在单位应当自事故伤害发生之日或者被诊断、鉴定为职业病之日起 30 日内，向统筹地区社会保险行政部门提出工伤认定申请。遇有特殊情况，经报社会保险行政部门同意，申请时限可以适当延长。

用人单位未按前款规定提出工伤认定申请的，工伤职工或者其近亲属、工会组织在事故伤害发生之日或者被诊断、鉴定为职业病之日起 1 年内，可以直接向用人单位所在地统筹地区社会保险行政部门提出工伤认定申请。

按照本条第一款规定应当由省级社会保险行政部门进行工伤认定的事项，根据属地原则由用人单位所在地的设区的市级社会保险行政部门办理。

用人单位未在本条第一款规定的时限内提交工伤认定申请，在此期间发生符合本条例规定的工伤待遇等有关费用由该用人单位负担。

第十八条 提出工伤认定申请应当提交下列材料：

（一）工伤认定申请表；

（二）与用人单位存在劳动关系（包括事实劳动关系）的证明材料；

（三）医疗诊断证明或者职业病诊断证明书（或者职业病诊断鉴定书）。

工伤认定申请表应当包括事故发生的时间、地点、原因以及职工伤害程度等基本情况。

工伤认定申请人提供材料不完整的，社会保险行政部门应当一次性书面告知工伤认定申请人需要补正的全部材料。申请人按照书面告知要求补正材料后,社会保险行政部门应当受理。

第十九条 社会保险行政部门受理工伤认定申请后,根据审核需要可以对事故伤害进行调查核实,用人单位、职工、工会组织、医疗机构以及有关部门应当予以协助。职业病诊断和诊断争议的鉴定,依照职业病防治法的有关规定执行。对依法取得职业病诊断证明书或者职业病诊断鉴定书的,社会保险行政部门不再进行调查核实。

职工或者其近亲属认为是工伤,用人单位不认为是工伤的,由用人单位承担举证责任。

第二十条 社会保险行政部门应当自受理工伤认定申请之日起60日内作出工伤认定的决定,并书面通知申请工伤认定的职工或者其近亲属和该职工所在单位。

社会保险行政部门对受理的事实清楚、权利义务明确的工伤认定申请,应当在15日内作出工伤认定的决定。

作出工伤认定决定需要以司法机关或者有关行政主管部门的结论为依据的,在司法机关或者有关行政主管部门尚未作出结论期间,作出工伤认定决定的时限中止。

社会保险行政部门工作人员与工伤认定申请人有利害关系的,应当回避。

第六十二条 用人单位依照本条例规定应当参加工伤保险而未参加的,由社会保险行政部门责令限期参加,补缴应当缴纳的工伤保险费,并自欠缴之日起,按日加收万分之五的滞纳金；逾期仍不缴纳的，处欠缴数额 1 倍以上 3 倍以下的罚款。

依照本条例规定应当参加工伤保险而未参加工伤保险的用人单位职工发生工伤的，由该用人单位按照本条例规定的工伤保险待遇项目和标准支付费用。

用人单位参加工伤保险并补缴应当缴纳的工伤保险费、滞纳金后，由工伤保险基金和用人单位依照本条例的规定支付新发生的费用。

3. 2011 年《工伤认定办法》（人力资源和社会保障部令第 8 号，有效期间为 2011 年 1 月 1 日起至今）

第三条 工伤认定应当客观公正、简捷方便，认定程序应当向社会公开。

第四条 职工发生事故伤害或者按照职业病防治法规定被诊断、鉴定为职业病，所在单位应当自事故伤害发生之日或者被诊断、鉴定为职业病之日起 30 日内，向统筹地区社会保险行政部门提出工伤认定申请。遇有特殊情况，经报社会保险行政部门同意，申请时限可以适当延长。

按照前款规定应当向省级社会保险行政部门提出工伤认定申请的，根据属地原则应当向用人单位所在地设区的市级社会保险行政部门提出。

第五条 用人单位未在规定的时限内提出工伤认定申请的，受伤害职工或者其近亲属、工会组织在事故伤害发生之日或者被诊断、鉴定为职业病之日起 1 年内，可以直接按照本办法第四条规定提出工伤认定申请。

第六条　提出工伤认定申请应当填写《工伤认定申请表》，并提交下列材料：

（一）劳动、聘用合同文本复印件或者与用人单位存在劳动关系（包括事实劳动关系）、人事关系的其他证明材料；

（二）医疗机构出具的受伤后诊断证明书或者职业病诊断证明书（或者职业病诊断鉴定书）。

第七条　工伤认定申请人提交的申请材料符合要求，属于社会保险行政部门管辖范围且在受理时限内的，社会保险行政部门应当受理。

第八条　社会保险行政部门收到工伤认定申请后，应当在15日内对申请人提交的材料进行审核，材料完整的，作出受理或者不予受理的决定；材料不完整的，应当以书面形式一次性告知申请人需要补正的全部材料。社会保险行政部门收到申请人提交的全部补正材料后，应当在15日内作出受理或者不予受理的决定。

社会保险行政部门决定受理的，应当出具《工伤认定申请受理决定书》；决定不予受理的，应当出具《工伤认定申请不予受理决定书》。

第十六条　社会保险行政部门工作人员与工伤认定申请人有利害关系的，应当回避。

第十八条　社会保险行政部门应当自受理工伤认定申请之日起60日内作出工伤认定决定，出具《认定工伤决定书》或者

《不予认定工伤决定书》。

第二十二条 社会保险行政部门应当自工伤认定决定作出之日起 20 日内，将《认定工伤决定书》或者《不予认定工伤决定书》送达受伤害职工（或者其近亲属）和用人单位，并抄送社会保险经办机构。

《认定工伤决定书》和《不予认定工伤决定书》的送达参照民事法律有关送达的规定执行。

第二十四条 工伤认定结束后，社会保险行政部门应当将工伤认定的有关资料保存 50 年。

四、法院裁判文书

中华人民共和国最高人民法院
行 政 判 决 书①

（2021）最高法行再 1 号

再审申请人（一审原告、二审上诉人）：刘某某

被申请人（一审被告、二审被上诉人）：广东省甲市人民政府

---

① 参见中国裁判文书网，https：//wenshu. court. gov. cn/website/wenshu/181107ANFZ0BXSK4/index. html？docId=py8FkeEzlwZI139cnHRfUu4K2mD3jblDJi/RGtlF/iFtF9dtlzKYvvUKq3u+IEo4DpXej+Q8dCflKwzxZ3tBA7Sm0W/GDqwlpVGdPfM3nJKBBTK3BpxHzEmBm/WVR+MC，最后访问时间：2023 年 9 月 7 日。

原审第三人：某建安集团有限公司

原审第三人：广东省甲市人力资源和社会保障局

再审申请人刘某某因诉被申请人广东省甲市人民政府（以下简称甲市政府）及原审第三人某建安集团有限公司（以下简称建安公司）、广东省甲市人力资源和社会保障局（以下简称甲市人社局）行政复议一案，不服广东省高级人民法院（2019）粤行终390号行政判决，向本院申请再审。本院于2020年11月9日作出（2020）最高法行申5851号行政裁定提审本案。提审后，本院依法组成合议庭进行了审理。现已审理终结。

广东省清远市中级人民法院一审判决查明，2016年3月31日，朱某某与建安公司签订《广东省建设工程标准施工合同》。同年8月7日，朱某某又与梁某某签订《建筑工程承包合同》。两份合同所指向的建筑工程为同一工程，即朱某某商住楼，梁某某为实际施工人。梁某某之妻刘某某在一审庭审中称相关工程量由梁某某与朱某某结算，结算款由朱某某打给梁某某。2017年6月9日，梁某某在工地旁边的出租屋内等待甲市住建局的工作人员前来检查施工情况时猝死。2017年7月25日，刘某某以建安公司为用人单位向甲市人社局递交《工伤认定申请表》，请求进行工伤认定。甲市人社局受理后进行了调查取证，并于2017年9月25日作出甲人社工认〔2017〕194号《关于梁某某视同工亡认定决定书》（以下简称《视同工亡认定书》），认定梁某某是在工作时间和工作岗位，突发疾病在四十八小时之内经抢救无效死亡，据此认定梁某某死亡属视同因工死亡。

建安公司不服，于 2018 年 1 月 15 日向甲市政府申请行政复议。甲市政府于 2018 年 3 月 12 日作出甲府复决〔2018〕2 号《甲市人民政府行政复议决定书》（以下简称《行政复议决定书》），以甲市人社局作出的《视同工亡认定书》认定事实不清，证据不足，适用依据错误，程序违法为由，予以撤销。刘某某不服，遂提起本案行政诉讼。另查明，甲市人社局作出的《视同工亡认定书》中将用人单位写为"某建安集团公司甲市公司"（以下简称建安公司甲市公司），后作出更正说明，将用人单位更正为"某建安集团有限公司"，即第三人建安公司。

广东省清远市中级人民法院一审判决认为，本案审查的是甲市政府作出的《行政复议决定书》是否合法。关于实行承包经营工伤责任的认定问题，梁某某与建安公司之间未签订任何相关合同或协议，没有证据证明建安公司与梁某某之间存在分包、管理与聘用的事实。梁某某作为实际施工人、"包工头"，在出租屋内死亡，应与其他受聘用劳动者在工伤认定中区分开来。甲市政府认为梁某某不应认定其视同因工死亡的理据充分。甲市政府作出的《行政复议决定书》认定事实清楚，适用法律正确，程序合法。依照《中华人民共和国行政诉讼法》第六十九条之规定，判决驳回刘某某的诉讼请求。

广东省高级人民法院二审判决查明的事实与一审判决查明的事实一致。

广东省高级人民法院二审判决认为，本案争议焦点是甲市政府作出的《行政复议决定书》是否合法。关于建安公司是否应当承担梁某某的工伤保险责任。本案证据均不能证明建安公司与梁某某之间存在工程转包、分包的事实，亦不能证明梁某某与建安公司存在劳动关系。甲市人社局受理刘某某的工伤认定申请后，在未对建安公司与梁某某是否存在工程转包、分包事实进行调查核实的情况下，直接认定梁某某是建安公司承建的朱某某商住楼工地的"包工头"，作出《视同工亡认定书》，缺乏证据支持。此外，具备用工主体资格的承包单位违反法律、法规规定，将承包业务转包、分包给不具备用工主体资格的自然人，具备用工主体资格的承包单位承担工伤保险责任的范围是，该自然人招用的劳动者从事承包业务时因工伤亡，而本案中梁某某作为朱某某商住楼的实际施工人，显然不属于享受工伤保险待遇的劳动者的范畴。被诉行政复议决定以甲市人社局作出的《视同工亡认定书》认定事实不清、证据不足，适用依据错误为由予以撤销，理据充分。关于《行政复议决定书》中提出应先通过劳动争议仲裁确认劳动关系后方可申请工伤认定的错误观点，予以指出。甲市人社局作出的《视同工亡认定书》认定承担梁某某工伤保险责任的主体是建安公司甲市公司，后甲市人社局发现该认定错误，遂作出《关于梁某某视同工亡认定决定书更正说明》，以补正的形式更正承担工伤责任的主体，剥夺了建安公司在工伤认定程序中依法享有的陈述、申辩的权利，属于程序违法。虽然《行政复议决定书》未能查明该程序违法，但对撤销甲市人社局作出的《视同工亡认定书》没有实质影响。综上，依照《中华人民共和国行政诉讼法》第八十九条第一款第一项之规定，判决驳回上诉，维持原判。

再审申请人刘某某不服二审判决，向本院申请再审称：1. 朱某某是案涉工程项目发包人，建安公司是承包人，梁某某是建安公司承建朱某某商住楼的施工管理者，原审法院认定梁某某为实际承包人错误。2. 甲市人社局受理申请后，到甲市住建部门调取了朱某某与建安公司签订的施工合同、报建登记表等资料，到施工现场调查拍摄了照片，足以证明朱某某商住楼的承建单位是建安公司。3. 甲市人社局进行工伤认定时，派员到现场进行了勘查、询问了证人，并收集了证据材料，程序合法，原审认定甲市人社局工伤认定存在程序错误，于法无据。综上，建安公司应承担工伤保险责任，请求撤销一、二审判决，撤销甲市政府作出的《行政复议决定书》，维持甲市人社局作出的《视同工亡认定书》。

被申请人甲市政府答辩称：1. 工伤认定程序中存在劳动关系争议的应当先申请劳动争议仲裁。2. 本案没有直接、充分的证据证明梁某某是建安公司职工或者建安公司将工程业务发包给梁某某承包。3. 本案是梁某某本人而不是其招用的劳动者死亡，因此，无论梁某某是"包工头"还是实际施工人，均不适用《关于确立劳动关系有关事项的通知》第四条的规定。综上，本案不应由建安公司承担工伤保险责任，甲市政府行政复议程序合法，适用法律准确，复议结论正确，请求驳回刘某某的再审申请。

原审第三人建安公司陈述意见称：1. 梁某某是案涉工程项

目的实际施工人（即"包工头"），与建安公司之间不存在劳动关系，也不存在违法转包、分包关系或工程内部承包关系。"包工头"不属于享受工伤保险待遇的劳动者范畴。2. 甲市人社局工伤认定程序违法，剥夺了建安公司的陈述、申辩权利。综上，请求驳回刘某某的再审申请。

原审第三人甲市人社局陈述意见称：1. 梁某某是在工作时间和工作岗位，突发疾病四十八小时之内经抢救无效死亡，符合视同工亡的情形。2. 案涉工程项目的承建单位为建安公司，应由其承担工伤保险责任。

本院经再审查明，2016 年 3 月 31 日，案外人朱某某与建安公司签订《广东省建设工程标准施工合同》，发包人为朱某某，承包人为建安公司，工程名称为朱某某商住楼。尔后，朱某某与建安公司签订《施工合同补充协议》约定，乙方建安公司设立工人工资支付专用账户，户名为陆某某，约定工程款中的工资款经此账户拨付给乙方，按工程进度每月拨付工人工资。随后，朱某某商住楼工程以建安公司为施工单位申请办理工程报建手续，甲市住房和城乡建设局于 7 月 13 日在《甲市建设工程报建登记表》签章同意；同日签发的《建筑工程施工许可证》《工程建设安全受监证》亦载明施工单位是建安公司。同年 8 月 7 日，朱某某又与梁某某就同一工程签订《建筑工程承包合同》，发包人为朱某某，承包人为梁某某。案涉工程由梁某某组织工人施工，陆某某亦在现场参与管理。施工现场大门、施工标志牌等多处设施的醒目位置，均标注该工程的承建单位为建安公司。

2017 年 6 月 9 日，梁某某与陆某某接到甲市住建部门的检查通知，二人与工地其他人员在出租屋内等待检查。该出租屋系梁某某承租，作为工地开会布置工作和发放工资的场所。当日 15 时许，梁某某被发现躺在出租屋内；甲市中医院出具的《居民死亡医学证明（推断）书》载明其死亡原因为猝死。

梁某某妻子刘某某于同年 7 月 25 日向甲市人社局递交《工伤认定申请表》，以梁某某为建安公司职工，且在工作时间、工作岗位死亡为由申请工伤认定。9 月 25 日，甲市人社局作出甲人社工认〔2017〕194 号《视同工亡认定书》，认定梁某某是在工作时间和工作岗位，突发疾病在四十八小时之内经抢救无效死亡，据此，认定梁某某死亡属视同因工死亡。因甲市人社局作出的《视同工亡认定书》中将用人单位写为"某建安集团公司甲市公司"，在建安公司甲市公司提出复议申请后，甲市人社局作出更正说明，将用人单位更正为"某建安集团有限公司"。

另查明，建安公司为朱某某商住楼工程项目向某财产保险股份有限公司广东分公司投保了建筑工程施工人员团体人身意外伤害保险，保险单载明被保险人 30 人，未附人员名单。

本案各方当事人对于案涉工程由建安公司、梁某某分别与朱某某签订两份施工合同，由梁某某实际组织工人施工，梁某某在等候住建部门检查施工情况时突发疾病死亡等事实均无争议。分歧主要在于建安公司是否应当对梁某某死亡承担工伤保险责任。具体而言，本案的争议焦点为：1. 建安公司应否作为承担工伤保险责任的单位；2. 建安公司应否承担梁某某的工伤保险责任；3. 甲市人社局工伤认定程序是否合法。结合当事人的诉辩意见，本院对争议焦点分别认定如下：

（一）建安公司应否作为承担工伤保险责任的单位

《中华人民共和国建筑法》第二十六条规定："承包建筑工程的单位应当持有依法取得的资质证书，并在其资质等级许可的业务范围内承揽工程。禁止建筑施工企业超越本企业资质等级许可的业务范围或者以任何形式用其他建筑施工企业的名义承揽工程。禁止建筑施工企业以任何形式允许其他单位或者个人使用本企业的资质证书、营业执照，以本企业的名义承揽工程。"第二十八条规定："禁止承包单位将其承包的全部建筑工程转包给他人，禁止承包单位将其承包的全部建筑工程肢解以后以分包的名义分别转包给他人。"同时，《最高人民法院关于行政诉讼证据若干问题的规定》第五十四条规定："法庭应当对经过庭审质证的证据和无需质证的证据进行逐一审查和对全部证据综合审查，遵循法官职业道德，运用逻辑推理和生活经验，进行全面、客观和公正地分析判断，确定证据材料与案件事实之间的证明关系，排除不具有关联性的证据材料，准确认定案件事实。"

本案中，《广东省建设工程标准施工合同》、案涉工程项目报建资料、施工许可证和现场照片均能证明朱某某商住楼的承建单位为建安公司；以施工人员为被保险人的建筑工程人身意外团体险，投保人也是建安公司；在建安公司与朱某某签订的补充协议中，还指定陆某某账户为工人工资账户；而根据在案的证人证言和对陆某某的询问笔录，陆某某实际参与了项目的施工管理，且事发当天与梁某某一同在工地等候住建部门检查。上述证据已经能够证实，建安公司实际以承建单位名义办理了工程报建和施工许可手续，并在一定程度上参与施工管理。建安公司知道、应当知道朱某某又与梁某某另行签订施工合同，既未提出异议或者主张解除之前的施工合同，反而配合梁某某以建安公司名义施工，委派工作人员参与现场施工管理并约定经手工人工资。建安公司在 2017 年 8 月 11 日的答辩状中虽不承认其与梁某某之间存在劳动关系，但也认可梁某某与其是挂靠关系，是实际施工人。而无论挂靠关系、借用资质关系还是违法转包关系，建安公司仅以梁某某与朱某某另行签订施工承包合同为由，主张其与梁某某之间不存在任何法律关系，与在案证据证明的事实明显不符，也违反《中华人民共和国建筑法》相关规定。

综上，建安公司与朱某某签订建设工程施工合同后，作为具备用工主体资格的承包单位，既然享有承包单位的权利，也应当履行承包单位的义务。建安公司允许梁某某利用其资质并挂靠施工，理应承担被挂靠单位的相应责任。在工伤保险责任承担方面，建安公司与梁某某之间虽未直接签订转包合同，但其允许梁某某利用其资质并挂靠施工，可以视为两者间已经形成事实上的转包关系，建安公司可以作为承担工伤保险责任的单位。而且，就朱某某、建安公司、梁某某三者之间形成的施工法律关系而言，由建安公司作为承担工伤保险责任的单位，符合原劳动和社会保障部《关于确立劳动关系有关事项的通知》（劳社部发〔2005〕12号）第四条、《人力资源和社会保障部关于执行〈工伤保险条例〉若干问题的意见》（人社部发〔2013〕34号）第七点规定以及最高人民法院《关于审理工伤保险行政案件若干问题的规定》第三条第一款第四项、第五项规定的立法精神，亦在上述规定的扩张解释边界之内。

（二）建安公司应否承担梁某某的工伤保险责任

原劳动和社会保障部《关于确立劳动关系有关事项的通知》（劳社部发〔2005〕12号）第四条规定，建筑施工、矿山企业等用人单位将工程（业务）或经营权发包给不具备用工主体资格的组织或自然人，对该组织或自然人招用的劳动者，由具备用工主体资格的发包方承担用工主体责任。《人力资源和社会保障部关于执行〈工伤保险条例〉若干问题的意见》（人社部发〔2013〕34号）第七点规定："具备用工主体资格的承包单位违反法律、法规规定，将承包业务转包、分包给不具备用工主体资格的组织或者自然人，该组织或者自然人招用的劳动者从事承包业务时因工伤亡的，由该具备用工主体资格的承包单位承担用人单位依法应承担的工伤保险责任。"《最高人民法院关于审理工伤保险行政案件若干问题的规定》第三条第一款规定："社会保险行政部门认定下列单位为承担工伤保险责任单位的，人民法院应予支持：……（四）用工单位违反法律、法规规定将承包业务转包给不具备用工主体资格的组织或者自然人，该组织或者自然人聘用的职工从事承包业务时因工伤亡的，用工单位为承担工伤保险责任的单位；（五）个人挂靠其他单位对外经营，其聘用的人员因工伤亡的，被挂靠单位为承担工伤保险责任的单位。"

本案中，甲市政府和建安公司认为，即使建安公司与梁某某之间存在项目转包或者挂靠关系，但相关法律规范仅规定"包工头"招用的劳动者或者"包工头"聘用的职工因工伤亡的，建安公司才可能承担工伤保险责任；梁某某作为"包工头"，而非其"招用的劳动者"或"聘用的职工"，其因工伤亡不应由建安公司承担工伤保险责任。本院认为，对法律规范的解释，应当结合具体案情，综合运用文义解释、体系解释、目的解释等多种解释方法。

首先，建设工程领域具备用工主体资格的承包单位承担其违法转包、分包项目上因工伤亡职工的工伤保险责任，并不以存在法律上劳动关系或事实上劳动关系为前提条件。根据《人力资源和社会保障部关于执行〈工伤保险条例〉若干问题的意见》（人社部发〔2013〕34号）第七点等规定，认定工伤保险责任或用工主体责任，已经不以存在法律上劳动关系为必要条件。根据《最高人民法院关于审理工伤保险行政案件若干问题的规定》（法释〔2014〕9号）第三条规定，能否进行工伤认定和是否存在劳动关系，并不存在绝对的对应关系。从前述规定来看，为保障建筑行业中不具备用工主体资格的组织或自然人聘用的职工因工伤亡后的工伤保险待遇，加强对劳动者的倾斜保护和对违法转包、分包单位的惩戒，现行工伤保险制度确立了因工伤亡职工与违法转包、分包的承包单位之间推定形成拟制劳动关系的规则，即直接将违法转包、分包的承包单位视为用工主体，并由其承担工伤保险责任。

其次，将"包工头"纳入工伤保险范围，符合建筑工程领域工伤保险发展方向。《国务院办公厅关于促进建筑业持续健康发展的意见》（国办发〔2017〕19号）强调要"建立健全与建筑业相适应的社会保险参保缴费方式，大力推进建筑施工单位参加工伤保险"，明确了做好建筑行业工程建设项目农民工职业伤害保障工作的政策方向和制度安排。《人力资源社会保障部办公厅关于进一步做好建筑业工伤保险工作的通知》（人社厅函〔2017〕53号）等规范性文件还要求，完善符合建筑业特点的工伤保险参保政策，大力扩展建筑企业工伤保险参保覆盖面，推广采用按建设项目参加工伤保险制度。即针对建筑行业的特点，建筑施工企业对相对固定的职工，应按用人单位参加工伤保险；对不能按用人单位参保、建筑项目使用的建筑业职工特别是农民工，按项目参加工伤保险。因此，为包括"包工头"在内的所有劳动者按项目参加工伤保险，扩展建筑企业工伤保险参保覆盖面，符合建筑工程领域工伤保险制度发展方向。

再次，将"包工头"纳入工伤保险对象范围，符合"应保尽保"的工伤保险制度立法目的。考察《工伤保险条例》相关规定，工伤保险制度目的在于保障因工作遭受事故伤害或者患职业病的职工获得医疗救治和经济补偿，促进工伤预防和职业康复，分散用人单位的工伤风险。《工伤保险条例》第二条规定："中华人民共和国境内的企业、事业单位、社会团体、民办非企业单位、基金会、律师事务所、会计师事务所等组织和有雇工的个体工商户（以下称用人单位）应当依照本条例规定参加工伤保险，为本单位全部职工或者雇工（以下称职工）缴纳工伤保险费。中华人民共和国境内的企业、事业单位、社会团体、民办非企业单位、基金会、律师事务所、会计师事务所等组织的职工和个体工商户的雇工，均有依照本条例的规定享受工伤保险待遇的权利。"显然，该条强调的"本单位全部职工或者雇工"，并未排除个体工商户、"包工头"等特殊的用工主体自身也应当参加工伤保险。易言之，无论是从工伤保险制度的建立本意，还是从工伤保险法规的具体规定，均没有也不宜将"包工头"排除在工伤保险范围之外。"包工头"作为劳动者，处于违法转包、分包利益链条的最末端，参与并承担着施工现场的具体管理工作，有的还直接参与具体施工；其同样可能存在工作时间、工作地点因工作原因而伤亡的情形。"包工头"因工伤亡，与其聘用的施工人员因工伤亡，就工伤保险制度和工伤保险责任而言，并不存在本质区别。如人为限缩《工伤保险条例》的适用范围，不将"包工头"纳入工伤保险范围，将形成实质上的不平等；而将"包工头"等特殊主体纳入工伤保险范围，则有利于实现对全体劳动者的倾斜保护，彰显社会主义工伤保险制度的优越性。

最后，"包工头"违法承揽工程的法律责任，与其参加社会保险的权利之间并不冲突。《中华人民共和国社会保险法》第一条规定："为了规范社会保险关系，维护公民参加社会保险和享受社会保险待遇的合法权益，使公民共享发展成果，促进社会和谐稳定，根据宪法，制定本法。"第三十三条规定："职工应当参加工伤保险，由用人单位缴纳工伤保险费，职工不缴纳工伤保险费。"工伤保险作为社会保险制度的一个重要组成部分，由国家通过立法强制实施，是国家对职工履行的社会责任，也是职工应该享受的基本权利。不能因为"包工头"违法承揽工程违反建筑领域法律规范，而否定其享受社会保险的权利。承包单位以自己的名义和资质承包建设项目，又由不具备资质条件的主体实际施工，从违法转包、分包或者挂靠中获取利益，由其承担相应的工伤保险责任，符合公平正义理念。当然，承包单位依法承担工伤保险责任后，在符合法律规定的情况下，可以依法另行要求相应责任主体承担相应的责任。

总之，将"包工头"纳入工伤保险范围，并在其因工伤亡时保障其享受工伤保险待遇的权利，由具备用工主体资格的承包单位承担用人单位依法应承担的工伤保险责任，符合工伤保险制度的建立初衷，也符合《工伤保险条例》及相关规范性文件的立法目的。甲市人社局认定梁某某在工作时间和工作岗位突发疾病死亡，应由建安公司承担工伤保险责任，具有事实和法律依据，本院予以支持。

（三）甲市人社局工伤认定程序是否合法

甲市人社局依法受理工伤申请后，向建安公司发出甲人社工举〔2017〕23号《工伤认定举证通知书》，要求其在规定期限内举证。建安公司也向甲市人社局提交了书面答辩意见，故不存在未听取建安公司意见的情形。虽然甲市人社局在《视同工亡认定书》中误将责任主体表述为建安公司甲市公司，但事后已经更正为建安公司，且此也未影响建安公司行使其陈述、申辩权利。甲市人社局还依照法定程序派员到施工现场进行现场勘查、询问了证人，并收集了相关证据材料，符合法定程序。此外，劳动行政部门在工伤认定程序中，具有认定受到伤害的职工与企业之间是否存在劳动关系的职权，甲市政府关于工伤认定程序中存在劳动关系争议的应当先申请劳动争议仲裁的观点错误，对此原一、二审判决已作充分阐释，本院予以认可，不再赘述。需要指出的是，根据《中华人民共和国行政诉讼法》第二十六条第二款规定，经复议的案件，复议机关决定维持原行政行为的，作出原行政行为的行政机关和复议机关是共同被告；复议机关改变原行政行为的，复议机关是被告。原审法院为全面查清案件事实，将甲市人社局列为第三人参加诉讼，亦无不可。

综上，本院认为，甲市人社局作出《视同工亡认定书》，符合法律规定。甲市政府作出《行政复议决定书》，决定撤销甲市人社局《视同工亡认定书》，属于认定事实不清，适用法律错误，应予撤销。原一、二审判决分别驳回刘某某的诉讼请求和上诉，应予纠正。依照《中华人民共和国行政诉讼法》第七十条第二项、第八十九条第一款第二项，《最高人民法院关于适用

〈中华人民共和国行政诉讼法〉的解释》第八十九条、第一百一十九条第一款、第一百二十二条规定，判决如下：

一、撤销广东省高级人民法院（2019）粤行终390号行政判决；

二、撤销广东省清远市中级人民法院（2018）粤18行初42号行政判决；

三、撤销广东省甲市人民政府作出的甲府复决〔2018〕2号《行政复议决定书》；

四、恢复广东省甲市人力资源和社会保障局作出的甲人社工认〔2017〕194号《关于梁某某视同工亡认定决定书》的效力。

一、二审案件受理费共计100元，由广东省甲市人民政府负担。

本判决为终审判决。

第四章　行政强制措施案

——甲市公安局乙公安分局对陈某某
阻止强拆强行带离现场案

一、基本案情

因某高速公路甲市收费站车道改扩建项目的需要，湖南省人民政府以（2014）政国土字第 1887 号《农用地转用、土地征收审批单》批准甲市国土资源局征收甲市经济技术开发区××乡××村、甲村、乙村、丙村部分集体土地的申请。随后甲市政府、甲市国土资源局据此开展相关的土地征收工作。2014 年 10 月 21 日，甲市政府发布甲土公字（2014）07 号《征收土地公告》；2014 年 12 月 4 日，甲市国土资源局发布甲国土征补（2014）01 号《征收补偿安置方案公告》。甲市江某农业科技开发有限公司自 2006 年起在××乡××村租赁土地及鱼塘用于葡萄种植及休闲垂钓经营，租赁期限为 20 年，其部分葡萄园、鱼池、水泥坪地、生产辅助用房及零星树木在拆迁红线范围内，系本次征地应当拆除的对象。

2015 年 3 月 12 日，甲市收费站车道改扩建项目指挥部根据征地过程中与各村村委会、村民代表及其他被拆迁对象开会讨论的结果，委托湖南某资产评估有限公司对《甲市集体土地征收与房屋拆迁安置办法》名录外的拆迁项目进行了资产评估，甲市国土资源局适用湘政函（2014）113号《湖南省人民政府关于〈甲市集体土地征收与房屋拆迁安置办法〉的批复》进行核算并累加前述评估结论，核定江某公司地上附着物拆迁补偿款总计1029145元。此后甲市国土资源局与江某公司法定代表人彭某进行了多次协商沟通，因彭某坚持要求对征收红线外的建筑及经营设施予以一并补偿，双方未能达成一致意见。2015年6月11日，指挥部通知彭某领补偿款未果后将款项提存于××乡××村村委会；2015年8月6日，甲市国土资源局对江某公司进行腾地告知；2015年8月24日，甲市国土资源局对江某公司作出甲国土资腾字（2015）第K01号《限期腾地决定书》，要求江某公司在5日内腾出土地。江某公司不服，向湖南省国土厅申请行政复议。复议期间，甲市政府于2015年9月30日组织相关工作人员现场施工，强行拆除江某公司位于车道改扩建项目红线范围内的生产辅助用房、零星树木、水泥坪地、葡萄园内种植葡萄的设施设备等。陈某某系彭某岳父，对于甲市政府组织实施的强拆行为不服，在现场阻止强拆行为进行，但未实施过激行为。甲市公安局乙公安分局对于陈某某采取强行带离现场的行政强制行为，未使用暴力。在带离现场过程中，造成陈某某身体受损，经鉴定所受损伤为：右侧第11肋骨两处骨折，右侧第12肋骨骨折，属轻伤二级。陈某某于2015年10月2日住院治疗，至2016年5月18日出院，共产生医疗费17082.2

元，其中 12000 元由甲市政府垫付。陈某某住院期间由杨某某护理。2016 年 9 月 18 日，陈某某提起行政诉讼，请求确认甲市政府、乙公安分局于 2015 年 9 月 30 日对其实施的行政强制行为违法；由甲市政府、乙公安分局赔偿陈某某 167905 元。

二、要件评析

案情含集体土地征收、强行拆除、强行带离现场、行政赔偿等数个案件，本节仅就被最高人民法院审理案件中的甲市公安局乙公安分局对陈某某阻止强拆强行带离现场案展开讨论。本案为依职权的行政强制措施案件，下面结合本案，重点分析归纳本案涉及的强行将严重危害社会治安秩序或者威胁公共安全的人员（当场）带离现场执法事项、案件要件。

案涉执法事项因属行政强制措施，在办理本事项执法案件时应一并落实 2012 年《行政强制法》（有效期间为 2012 年 1 月 1 日起至今）规定的有关行政强制措施的要件，这些要件笔者在《行政执法办案实务：要件、流程与文书》① 中已经分析归纳，阅读本节时可以参阅。

1. 关于组织要件

强行带离现场执法事项虽一般均属行政强制措施，但因法定事实根据不同而有数个，分别被规定在 2013 年《治安管理处

---

① 夏云峰：《行政执法办案实务：要件、流程与文书》，中国法制出版社 2022 年版。

罚法》（有效期间为 2013 年 1 月 1 日起至今）、2013 年《人民警察法》（有效期间为 2013 年 1 月 1 日起至今），以及我国现行《铁路法》《集会游行示威法》《禁毒法》《戒严法》等法律中。依据这些规定强行带离现场的法条，执法办案机关都可以作出强行带离现场的决定，但因每种决定的法定事实根据不同，意味着他们是不同的执法事项。

就本案涉及的相对人执法事项而言，陈某某系因"对于甲市政府组织实施的强拆行为不服，在现场阻止强拆行为进行"而被强行带离现场，并非 2013 年《治安管理处罚法》第二十四条第二款"因扰乱体育比赛秩序被处以拘留处罚的，可以同时责令其十二个月内不得进入体育场馆观看同类比赛；违反规定进入体育场馆的，强行带离现场"规定情形，亦非《铁路法》《集会游行示威法》《禁毒法》《戒严法》等规定情形，其符合 2013 年《人民警察法》第八条"公安机关的人民警察对严重危害社会治安秩序或者威胁公共安全的人员，可以强行带离现场、依法予以拘留或者采取法律规定的其他措施"规定情形，应以 2013 年《人民警察法》为准分析执法组织要件以及其他要件。

2013 年《人民警察法》第二条第二款规定，人民警察包括公安机关、国家安全机关、监狱、劳动教养管理机关的人民警察和人民法院、人民检察院的司法警察。① 其上引第八条明确指示，执行第八条规定的执法事项的人民警察所属执法组织须是公安机关。从上述内容看，因本案涉及的执法事项不由 2013 年

---

① 劳动教养制度已废除。

《治安管理处罚法》规定，而是规定在 2013 年《人民警察法》中，最高人民法院在判决书中援引 2013 年《治安管理处罚法》第七条第一款的规定，来说明公安机关属本执法事项和本案的执法主体是没有必要的，只引用 2013 年《人民警察法》的有关法条即可解决问题。

何为公安机关，现实中哪个单位是公安机关？这看起来是个不言自明的概念，就是指公安部和各级公安局、公安分局，一般不包括公安派出所。但在执法办案时，必须依照法律和"三定"规定加以具体确定。对于公安机关组织，相较于其他执法组织很大的不同在于，我国有层次不低的专门的组织法加以规定，这个组织法就是行政法规：2007 年《公安机关组织管理条例》（国务院令第 479 号，有效期间为 2007 年 1 月 1 日起至今），在制定公安执法组织"三定"规定时，相关内容必须遵守该条例。

2007 年《公安机关组织管理条例》在第三条第一款特指了一个公安执法组织，即公安部，在第六条第一款泛指了设区的市公安局及其公安分局、县级公安局及其公安派出所为公安机关的组织，对省级公安机关组织未作明确规定。基于该条例第三条第二款以及第二章公安机关的设置等规定，县级以上人民政府的公安局是明确的公安机关，基于第六条第一款和第十一条第四款的规定，公安派出所是明确的县级公安局的派出机构。基于该条例第六条第一款，公安分局是明确的设区的市公安局设置的，但是，其属派出机关还是派出机构不明。上述这些规定以及有关规定直接明确了大部分公安机关的组织的名称，同时，2007 年《公安机关组织管理条例》以第二条直接规定了公安机关的性质，间接规定了公安机关的职责，这些规定以及其有关机构设置、行政编制的规定等，在制定特定公安机关组织"三定"规定时应予落实。

上述问题中，有两个问题需要进一步讨论。第一个问题是公安分局是派出机关还是派出机构的属性问题，如系派出机关，其按照公安机关对待；如系派出机构，则不属公安机关，而是属公安机关的组织。2020 年《公安机关办理行政案件程序规定》（公安部令第 160 号，有效期间为 2020 年 8 月 6 日起至今）未对公安分局的属性作出明确规定。2007 年《公安机关组织管理条例》规定了公安分局，但未明确其为派出机关还是派出机构，从其第三条第二款"县级以上地方人民政府公安机关在本级人民政府领导下，负责本行政区域的公安工作，是本行政区域公安工作的领导、指挥机关"的表述以及全文表述看，似可以作出这样的推断，公安分局如系政府部门，则属派出机关，如非政府部门，则属派出机构。第二个问题是公安机关的范围。依照 2020 年《公安机关办理行政案件程序规定》第二条第二款"本规定所称公安机关，是指县级以上公安机关、公安派出所、依法具有独立执法主体资格的公安机关业务部门以及出入境边防检查站"的规定，公安机关的范围较 2007 年《公安机关组织管理条例》的规定有所扩大，这里的公安机关的范围实际是从公安执法主体的角度加以规定的，这些公安执法主体在执法过程中，须执行 2020 年《公安机关办理行政案件程序规定》。这里从执法主体角度扩大了公安机关范围的规定，目的是将各类公安执法主体纳入程序规限，不是对 2007 年《公安机关组织管理条例》公安机关范围予以扩大规定。

派出机构并非一定不是执法主体，其基于法律法规的授权和"三定"规定等仍可以作为某些执法事项的执法主体，对这些事项可以以自己的名义从事执法办案活动，只是其不能作为法律规定的"主管机关""主管部门"对待，其不能以自己的名义行使上述以外的，法定"主管机关""主管部门"的执法职权，在没有法律法规特别规定的情况下，"三定"规定也不得将这些执法职权配置给派出机构。比如，作为派出机构的公安分局、公安派出所等，不能作为法律上的公安机关对待，除非法律法规另有规定，并由"三定"规定等配置，否则不能以自己的名义行使法律上的公安机关的法定执法职权。同时，派出机构在其职责范围内，对不属于它的、派出它的机关的执法职权可以派出它的机关的名义实施，此时，其地位可以视为派出它的机关的内设机构。比如，作为派出机构的公安分局、公安派出所等，对于不属于它的而属于派出它的公安机关的执法职权，其可以派出它的公安机关的名义实施。

从以上论述联系到本案所涉事项，甲市公安局乙公安分局如系作为派出机构的公安分局，其民警实施强行带离现场，如强行带离现场属该局执法职权（因法律法规授权和"三定"规定等配置），则事后办案民警应向甲市公安局乙公安分局负责人报告，并由该局补办批准手续等，如强行带离现场属甲市公安局（法定公安机关）的执法职权，则事后办案民警应向甲市公安局负责人报告，并由该局补办批准手续等。甲市公安局乙公安分局如系作为派出机关的公安分局（法定公安机关），其民警实施强行带离现场，则事后办案民警只需向甲市公安局乙公安分局负责人报告，并由该局补办批准手续等。

健全的执法体系，特定执法人员含人民警察总能找到其所归属的执法主体，特定执法事项也总能找到其所归属的执法主体。特定执法人员的人事管理关系只能在一个单位，但是其因办理不同执法事项的案件，可能分属不同执法主体，特定执法事项也可以分属不同执法主体。因此，执法主体、执法人员、执法事项以及由此衍生的执法办案四者之间在总体上不具有绝对的对应关系。

就本案涉及的强行将严重危害社会治安秩序或者威胁公共安全的人员带离现场执法事项，依照当时的法律规定，其管辖权如下。

在事项管辖上，依 2013 年《人民警察法》第八条的规定，本事项由公安机关管辖，其他执法组织不得实施，公安机关的含义参考上述。

在时效管辖上，因本事项属当场执法事项，事项"严重危害社会治安秩序或者威胁公共安全的人员"法定根据要件必存在于执法办案的公安机关成立之后，也就是说，特定公安机关只可能对其成立后的本事项行使时效管辖权。

在地域管辖上，依 2014 年《公安机关办理行政案件程序规定》（公安部令第 132 号，有效期间为 2014 年 6 月 29 日起至 2018 年 12 月 31 日止）第一条、第二条第一款、第九条等规定，以及本事项当场执法等的性质，地域管辖权应由违法行为地的公安机关管辖。

此外，依 2014 年《公安机关办理行政案件程序规定》第十二条的规定，铁路公安机关、交通公安机关、民航公安机关、国有林区的森林公安机关、海关缉私机构按照规定范围行使本执法事项地域管辖权。

在对人管辖上，依 2013 年《人民警察法》第八条等规定，本事项对人管辖权含本国任何公民，依 2014 年《公安机关办理行政案件程序规定》第二百一十四条第二款的规定，因强行带离现场属限制人身自由，故不含享有外交特权和豁免权以外的外国人，应含无国籍人。

在级别管辖上，2013 年《人民警察法》第八条等并未对公安机关实施本事项的级别作出限制，这说明任何级别的公安机关均可实施本事项。2014 年《公安机关办理行政案件程序规定》也未对一般级别管辖作出明确规定，上级公安机关行政规范性文件有规定的，依照其规定。同时，在其第十一条第二款至第四款，规定了上级公安机关管辖的情形，即"对于重大、复杂的案件，上级公安机关可以直接办理"，此应是指下级公安机关有相关事项管辖权，上级公安无相关事项管辖权的情形，或者上下级公安机关均有相关事项管辖权。综上，一般而言，任何级别的公安机关对本事项均有级别管辖权。

如系 2020 年 8 月 6 日以后办理案涉事项案件，应依照 2020 年《公安机关办理行政案件程序规定》第十三条规定，由县级公安机关及其公安派出所、依法具有独立执法主体资格的公安机关业务部门以及出入境边防检查站按照法律、行政法规、规章授权和管辖分工办理本事项，法律、行政法规、规章规定由设区的市级以上公安机关办理的除外。

在指定管辖上，虽然 2014 年《公安机关办理行政案件程序规定》第十一条规定了管辖权争议时，报请共同的上级公安机关指定管辖，但是，由于本事项当场执法的性质，除非涉事案件属某一案件中的过程案件，涉事案件可以在另一案件指定管辖后一并转移管辖，涉事案件作为独立案件时，一般不存在管辖权争议以及由此带来的指定管辖问题，在办理涉事案件之前，特定公安机关就应明确自己的管辖，之后发生管辖权争议的，由于涉事案件已经办理完毕，再予指定管辖已经没有意义。

在先受理管辖上，虽然 2014 年《公安机关办理行政案件程序规定》第十条规定了几个公安机关都有权管辖的行政案件，由最初受理的公安机关管辖，但由于本事项属当场执法，不存在受理要件，因此，也不存在先受理管辖问题。

本案案情对上述管辖权问题没有论及，最高人民法院在判决书"一、关于本案的适格被告问题"中的"江某公司位于乙公安分局辖区范围内，在甲市政府组织对江某公司的强拆行为时，乙公安分局具有在现场维持秩序并依法采取相应强制措施的法定职权"论述，论及了地域管辖权问题，对其他管辖权问题没有涉及。

另外，最高人民法院在判决书"一、关于本案的适格被告问题"中，提及"谁行为，谁为被告；行为者，能为处分"的法定主体原则，虽然目的是以此解决行政诉讼适格被告问题，但实质是以执法意志的归属在事后以实质标准确定执法主体，这与执法过程中的执法主体确定不同。在行政执法办案前，执法组织依管辖权确定特定执法事项执法主体。执法办案中，由执法主体办案，如有外来干预，属个人的，一律不予回应并做好记录；属组织的，如本执法主体对该组织具有绝对服从之法律义务，即不为该组织具体命令行为得法律责任，含违法命令，则应为相应行为，仅具相对服从之法律义务，即为违法命令行为得法律责任，不为合法命令行为亦得法律责任的，则对违法命令应予拒绝并做好记录，对合法命令行为应予执行。无论何种具体命令，除紧急情况事后补充书面命令外，无书面命令（含语音、图像及其文字化），则不得为命令行为，书面命令应附卷。上述情况，案涉事项及案件执法主体仍为该执法组织，不因有权命令的组织的具体命令而变更执法主体为该命令组织。执法办案后，仍以形式标准确定执法主体，但进入诉讼的，依"谁行为，谁为被告；行为者，能为处分"确定被告。本案中，最高人民法院已在判决书中排除了甲市政府对甲市乙公安分局下达将陈某某强行带离现场的具体命令事实，因此无涉上述。

除以管辖为主要表现形式的执法职权要件外，在强行带离现场事项组织要件中还有执法人员符合规定要件，主要包括两个要件：一个是执法人员具有执法资格；另一个是执法人员符合法定人数。在具有执法资格要件上，依照 2012 年《行政强制法》第十七条第三款、第十八条第（三）项的规定，行政强制措施应当由行政机关具备资格的行政执法人员实施，其他人员不得实施。实施行政强制措施应当出示执法身份证件。依照 2013 年《人民警察法》第二十三条的规定，人民警察必须按照规定着装，佩带人民警察标志或者持有人民警察证件。综合以后，即按照规定着装，持有并出示人民警察证件的民警实施。在符合法定人数要件上，依照 2012 年《行政强制法》第十八条第（二）项的规定，由两名以上行政执法人员实施。综合以后，强行带离现场事项组织要件中执法人员符合规定要件表述为，由两名以上按照规定着装，持有并出示人民警察证件的民警实施。关于这一要件的落实情况，案情和判决书均未论及。

2. 关于依据要件

案涉强行带离现场执法事项由 2013 年《人民警察法》第八条"公安机关的人民警察对严重危害社会治安秩序或者威胁公共安全的人员，可以强行带离现场、依法予以拘留或者采取法律规定的其他措施"设定，其相对人角度的事项要件由该条规定。在实际执法办案前，有关执法办案机关还应当梳理清楚 2014 年《公安机关办理行政案件程序规定》等其他执法依据是否对本案事项相对人角度要件作出规定，规定的要件有哪些，将其析取出来融入 2013 年《人民警察法》设定的要件之中。为表述方便，这里仅主要分析 2013 年《人民警察法》设定的案涉事项相对人角度要件。

本事项的行为时间要件为"当时"，即行为主体"严重危害社会治安秩序或者威胁公共安全"的当时，本"当时"含持续状态下持续的整个时间段，之前或者过后不构成本要件。同时，本"当时"应在 2013 年《人民警察法》有效期间内，对作为执法主体的公安机关而言，应"即时"采取强制带离现场措施，过时则不属强制带离现场，可属其他行政强制措施，如强制传唤。

本事项的行为地点要件为"现场"，即行为主体"严重危害社会治安秩序或者威胁公共安全"的现场，在"现场"之外采取执法措施则不构成本要件。同时，本"现场"在作为执法主体的公安机关的地域管辖范围内。

本事项的行为主体要件为除享有外交特权和豁免权的外国人外的任何个人，前已论述。

本事项不存在行为意识要件，即行为主体在实行行为时无论有意识还是无意识，都可构成本事项。对于疑似精神障碍患者，强行带离现场后，如系 2018 年 4 月 27 日以后实施，符合《精神卫生法》（有效期间为 2018 年 4 月 27 日起至今）所规定的构成要件的，可以送往医疗机构进行精神障碍诊断。

本事项的实行行为法条并未明文规定，但基于有执法事项必有实行行为，此类事项的实行行为必须视为明定。本事项的实行行为可以有语言、动作与状态三种，其性质是严重危害社会治安秩序或者威胁公共安全，具有这两种性质之一的语言、动作或者人的状态都为本事项的实行行为。对于严重危害社会治安秩序的语言、动作与状态，应指现实的，已经产生危害结果的语言、动作与状态，对于威胁公共安全的语言、动作与状态，只要该语言、动作与状态具有现实的造成危害后果的可能性，即为本事项的实行行为。

本事项的行为对象为社会治安秩序，公共安全。社会治安秩序是指人与人之间的安宁、有序的状态，包括执法秩序状态，公共安全是指不特定人的人身、财产免受损害的状态。

本事项的行为结果为社会治安秩序被严重危害或者公共安全受到威胁。社会治安秩序被严重危害，是指安宁的状态变得不再安宁，有序的状态变得无序，且须达到严重程度。公共安全受到威胁，是指不特定人的人身、财产面临现实可能受到损害的状态。

本事项的因果关系为，特定人的语言、动作或状态是社会治安秩序被严重危害或者公共安全受到威胁的原因。

3. 关于根据要件

案情指示"陈某某系彭某岳父，对于甲市政府组织实施的强拆行为不服，在现场阻止强拆行为进行，但未实施过激行为。甲市公安局乙公安分局对于陈某某采取强行带离现场的行政强制行为，未使用暴力"，最高人民法院判决书载甲市公安局乙公安分局再审陈述称"行政相对人在现场阻工，乙公安分局出于依法履职的必要对其实施强制带离行为"，最高人民法院在判决书中认为"本案中，在甲市政府对江某公司实施强制拆除过程中，因陈某某在现场实施阻止行为，为维护公共安全，乙公安分局对陈某某采取强制措施带离现场"，此三个方面均未描述陈某某在本案中的具体事实情况，仅对其事实作出相类似的定性，即"在现场阻止强拆行为"，至于如何阻止的，陈某某当时的具体的语言、动作、状态等未加描述。即以此对照案涉事项法律依据要件分类分析本案事实根据要件事实。

在行为时间要件事实上，从上述描述看，陈某某是在其行为"严重危害社会治安秩序或者威胁公共安全"的当时被强行带离。

在行为地点要件事实上，从上述描述看，陈某某是在其行为"严重危害社会治安秩序或者威胁公共安全"的现场被强行带离。

在行为主体要件事实上，案情和判决书都未描述被强行带离人陈某某的具体身份信息，仅陈述为"陈某某系彭某岳父"，这个事实陈述对本案意义不大。从判决书整体看，应为我国公民。

在实行行为要件事实上，案情和判决书均未具体描述陈某某案发时具体的语言、动作和状态，仅对其实行行为的性质作了认定，即"在现场阻止强拆行为"，这是一个缺陷，对整体认定案件事实有影响。

在行为对象要件事实上，案情并未指示是社会治安秩序还是公共安全，最高人民法院在判决书中认为是"为维护公共安全"，但因案情和判决书缺乏对实行行为和行为对象要件事实的具体描述，本案行为对象要件事实，笔者无从准确认定。

在行为结果要件事实上，案情和判决书对社会治安秩序被严重危害或者公共安全受到威胁的情形、程度等并未具体描述，因此无从认定本要件事实。

在因果关系要件事实上，因缺少具体的实行行为要件事实和行为结果要件事实的描述，本案因果关系要件事实无从认定。

上述数个要件事实因没有具体描述而无法认定，仅从案情和判决书看，就可以认为执法办案机关在办理本案时，在事实根据上，既不确凿，也不清楚。

4. 关于证据要件

下面对照案涉事项法律依据分类要件分析本案证据要件。

本案最大的问题在于证据不充足，这也是案情和判决书不能具体描述案涉事实的原因所在。案情全无证据描述，最高人民法院在判决书中也指出"乙公安分局虽主张陈某某的受伤与其带离行为无关，其强制带离行为未超过必要的限度，但该局并未提供现场执法记录等有效证据证实其主张"，此虽指强行带离行为是否超过必要限度，实质上也指未提供案涉要件事实有关证据，这一缺失，在诉讼中虽可以通过甲市乙公安分局陈述，并经被强行带离人自认等弥补，但在执法办案中，显属不符合严格、规范执法要求，也与"事实在前、证据在前、决定在后"

的执法常理相悖。因案情和判决书没有相应证据描述，本案证明行为时间、行为地点、行为主体、实行行为、行为对象、行为结果、因果关系要件事实的证据无从分析。

一方面，行政强制措施因具有"当时""当场""即时"等特性，执法办案机关有时忽视有关证据的取得，对此，最重要的是要落实主要以执法记录仪为录制仪器的音像全过程记录要求，可以避免此类问题。另一方面，落实强制执法办案程序要件中的"制作现场笔录"亦可避免此类问题，这也是一种执法文字全过程记录。必须认识到，执法办案程序要件虽然主要指向执法办案机关自身执法的合规，但在某些要件，其也直接关涉证明相对人角度事实根据存在的证据取得。关于程序要件问题，将在下一部分评析。

5. 关于理由等程序要件

本案作为强制措施案件，其程序要件主要规定在 2012 年《行政强制法》中，2014 年《公安机关办理行政案件程序规定》等也有规定，在执法办案前应析出融入 2012 年《行政强制法》规定的程序要件，并在执法办案时一并落实。本部分主要围绕2012 年《行政强制法》规定的程序要件对本案作简要分析。

案涉事项的程序要件，既涉及一般情况下的强制措施基本程序要件，也涉及紧急情况当场强制措施要件，同时还涉及限制人身自由强制措施要件。在本案涉及的强制措施基本程序要件上，2012 年《行政强制法》明文规定了报告并批准、亮证、通知、告知、听取、制作、交付或送达等程序要件①，2014 年《公安机关办理行政案件程序规定》第三章明文规定了回避要件。在紧急情况当场行政强制措施要件上，2012 年《行政强制法》明文规定了情况紧急和需要当场实施两个要件。在限制人身自由强制要件上，2012 年《行政强制法》明文规定了具有法律的依据，当场告知或者实施限制公民人身自由后立即通知当事人家属实施限制公民人身自由的行政机关、地点和期限，履行法律规定的限制公民人身自由其他程序。综合以上，强行带离现场本身的程序要件为，情况紧急，需要当场实施、亮证、告知（告知当事人采取行政强制措施的理由、依据以及当事人依法享有的权利、救济途径；当场告知当事人家属实施行政强制措施的公安机关、地点和期限，后者为可选要件）、听取、制作、交付或送达等。

此外，还有一个构成强制措施的要件，即符合本部分以外的组织、依据、根据、证据、决定等要件，与这些构成要件相对的法律特别规定的阻却要件为，实施行政强制应当适当，采用非强制手段可以达到行政管理目的的，不得实施行政强制。事后还存在三个要件：第一，执法办案的民警在返回公安机关后，应当立即向公安机关负责人报告，并补办批准手续，且从强行带离现场完毕到向公安机关负责人报告并补办批准手续之间的时间应在二十四小时内。第二，实施强行带离现场的目的达到

---

① 具体内容参见夏云峰：《行政执法办案实务：要件、流程与文书》，中国法制出版社 2022 年版。本书第六节行政强制要件、流程、文书中有关内容。

后立即解除强行带离。第三，如果来不及当场告知被强行带离现场人员家属实施强行带离现场的公安机关、地点和期限，强行带离现场后要立即通知被强行带离人员家属上述内容。

上述程序要件在强行带离现场执法办案中应逐一落实，在本案中的落实情况，案情完全没有提及，最高人民法院在判决书中提到三个要件，即"乙公安局实施上述强制措施，并未提交证据证明其在事后补办批准手续"，以及"未提供现场执法记录等有效证据""超过必要限度"，并认为"乙公安分局的强行带离行为违反法定程序"，其具体落实情况须进一步查看案卷。

6. 关于决定要件

按照 2012 年《行政强制法》的规定，作为行政强制措施的强行带离现场决定具有下列要件：

（1）在决定性质要件上，强行带离现场是对公民的人身自由实施暂时性限制，目的可以是制止违法行为、防止证据损毁、避免危害发生、控制危险扩大任一或者任何几个。本案对陈某某强行带离现场具有明显的暂时限制其人身自由的性质，因案情未描述陈某某实行行为的具体情形，无法判定强行将陈某某带离现场的目的，如以最高人民法院所认为的"为维护公共安全"计，在没有具体实行行为、行为对象、行为结果描述的情况下，则上述四种目的皆有可能。必须注意的是，在执法办案，包括强行带离现场在内的行政强制措施的目的，必须形成于决定之前，而不是决定之后。任何被称为目的的东西，都存在于其相应行为之前。

（2）在决定书面形式要件上，2012 年《行政强制法》、2013 年《人民警察法》、2014 年《公安机关办理行政案件程序规定》均未作出明文规定，因此强行带离现场可以不出具书面决定，但是，这一要件的规定是基于前述"制作现场笔录"这一程序要件基础上的规定，从进一步放宽要求的角度，是基于执法过程记录这一程序要件基础上的规定。比如，2020 年《公安机关办理行政案件程序规定》第五十五条第三款规定"实施行政强制措施的全程录音录像，已经具备本条第一款第二项、第三项规定的实质要素的，可以替代书面现场笔录，但应当对视听资料的关键内容和相应时间段等作文字说明"，因此，在强行带离现场这一强制措施中，既无书面强行带离现场决定，又无针对强行带离现场本身的符合法定要求的执法过程记录是不被允许的。本案最高人民法院在判决书中认定甲市乙公安分局未向最高人民法院"提供现场执法记录"。

（3）在决定人员要件上，强行带离现场由在场民警决定并实施。本案决定人员案情未描述，从判决书看，应是由甲市乙公安分局在场民警决定并实施。

（4）在决定内容要件上，强行带离现场包括三个方面，即强行、带离、现场。强行意指违背相对人的意志，对执法办案机关意指授权其可以采取一定物理措施实现特定执法目的。在本决定中，强行不意味着必然对相对人采取物理约束，当民警要求相对人离开特定现场且相对人听从的，则不得对其进行物理约束，同时，要求相对人离开特定现场作为行政命令，除非情况特别紧急，这一要件在决定内容中不得省略。相对人拒绝听从离开特定现场命令的，应对其身体进行物理约束。带离过程中的强行同理。除有明确规定，强行方式不包括使用警械。带离意指从现场到解除强行带离地点期间，被强行带离人处于民警管控之中，无论相对人是否听从离开特定现场命令，民警都应当从强行带离的现场开始到解除强行带离地点之前管控相对人，其间相对人反抗的，应予以物理约束，不反抗的，则不应物理约束。带离内容与强行内容相比，更集中反映本决定的强制措施性质，即对公民的人身自由实施暂时性限制。现场意指严重危害社会治安秩序或者威胁公共安全的场域，该场域与解除强行带离地点的界分，以足以切断相对人与该场域的联系为标准，符合这一标准的最近地点，即为离开现场，即为解除强行带离地点。本要件在本案中的落实情况，案情和判决书未论及。

三、相关规定

1. 2013 年《人民警察法》（有效期间为 2013 年 1 月 1 日起至今）

第二条　人民警察的任务是维护国家安全，维护社会治安秩序，保护公民的人身安全、人身自由和合法财产，保护公共财产，预防、制止和惩治违法犯罪活动。

人民警察包括公安机关、国家安全机关、监狱、劳动教养管理机关的人民警察和人民法院、人民检察院的司法警察。

第八条　公安机关的人民警察对严重危害社会治安秩序或者威胁公共安全的人员，可以强行带离现场、依法予以拘留或者采取法律规定的其他措施。

第二十三条　人民警察必须按照规定着装，佩带人民警察标志或者持有人民警察证件，保持警容严整，举止端庄。

2. 2007 年《公安机关组织管理条例》　（有效期间为2007 年 1 月 1 日起至今)

第三条　公安部在国务院领导下，主管全国的公安工作，是全国公安工作的领导、指挥机关。

县级以上地方人民政府公安机关在本级人民政府领导下，负责本行政区域的公安工作，是本行政区域公安工作的领导、指挥机关。

第六条　设区的市公安局根据工作需要设置公安分局。市、县、自治县公安局根据工作需要设置公安派出所。

公安分局和公安派出所的设立、撤销，按照规定的权限和程序审批。

第十一条　公安机关履行警务指挥职责的人民警察实行警官职务序列。

公安机关领导成员和内设综合管理机构警官职务由高至低为：省部级正职、省部级副职、厅局级正职、厅局级副职、县处级正职、县处级副职、乡科级正职、乡科级副职。

公安机关内设执法勤务机构警官职务由高至低为：总队长、副总队长、支队长、副支队长、大队长、副大队长、中队长、副中队长。

县级以上地方人民政府公安机关派出机构、内设执法勤务机构和不设区的市、县、自治县公安局根据工作需要，可以设置主管政治工作的政治委员、教导员、指导员等警官职务。

3. 2014 年《公安机关办理行政案件程序规定》（公安部令第 132 号，有效期间为 2014 年 6 月 29 日起至 2018 年 12 月 31 日止）

第一条 为了规范公安机关办理行政案件程序，保障公安机关在办理行政案件中正确履行职责，保护公民、法人和其他组织的合法权益，根据《中华人民共和国行政处罚法》、《中华人民共和国行政强制法》、《中华人民共和国治安管理处罚法》等有关法律、行政法规，制定本规定。

第二条 本规定所称行政案件，是指公安机关依照法律、法规和规章的规定对违法行为人决定行政处罚以及强制隔离戒毒、收容教育等处理措施的案件。

本规定所称公安机关，是指县级以上公安机关、公安派出所、依法具有独立执法主体资格的公安机关业务部门以及出入境边防检查站。

第九条 行政案件由违法行为地的公安机关管辖。由违法行为人居住地公安机关管辖更为适宜的，可以由违法行为人居住地公安机关管辖，但是涉及卖淫、嫖娼、赌博、毒品的案件除外。

移交违法行为人居住地公安机关管辖的行政案件，违法行为地公安机关在移交前应当及时收集证据，并配合违法行为人居住地公安机关开展调查取证工作。

第十一条　对管辖权发生争议的，报请共同的上级公安机关指定管辖。

对于重大、复杂的案件，上级公安机关可以直接办理或者指定管辖。

上级公安机关直接办理或者指定管辖的，应当书面通知被指定管辖的公安机关和其他有关的公安机关。

原受理案件的公安机关自收到上级公安机关书面通知之日起不再行使管辖权，并立即将案卷材料移送被指定管辖的公安机关或者办理的上级公安机关，及时书面通知当事人。

第十二条　铁路公安机关管辖列车上，火车站工作区域内，铁路系统的机关、厂、段、所、队等单位内发生的行政案件，以及在铁路线上放置障碍物或者损毁、移动铁路设施等可能影响铁路运输安全、盗窃铁路设施的行政案件。

交通公安机关管辖港航管理机构管理的轮船上、港口、码头工作区域内和港航系统的机关、厂、所、队等单位内发生的行政案件。

民航公安机关管辖民航管理机构管理的机场工作区域以及

民航系统的机关、厂、所、队等单位内和民航飞机上发生的行政案件。

国有林区的森林公安机关管辖林区内发生的行政案件。

海关缉私机构管辖阻碍海关缉私警察依法执行职务的治安案件。

第二百一十四条 违法行为人为享有外交特权和豁免权的外国人的，办案公安机关应当将其身份、证件及违法行为等基本情况记录在案，保存有关证据，并尽快将有关情况层报省级公安机关，由省级公安机关商请同级人民政府外事部门通过外交途径处理。

对享有外交特权和豁免权的外国人，不得采取限制人身自由和查封、扣押的强制措施。

4. 2020 年《公安机关办理行政案件程序规定》（公安部令第 160 号，有效期间为 2020 年 8 月 6 日起至今）

第二条 本规定所称行政案件，是指公安机关依照法律、法规和规章的规定对违法行为人决定行政处罚以及强制隔离戒毒等处理措施的案件。

本规定所称公安机关，是指县级以上公安机关、公安派出所、依法具有独立执法主体资格的公安机关业务部门以及出入境边防检查站。

第十三条 行政案件由县级公安机关及其公安派出所、依法具有独立执法主体资格的公安机关业务部门以及出入境边防检查站按照法律、行政法规、规章授权和管辖分工办理，但法律、行政法规、规章规定由设区的市级以上公安机关办理的除外。

　　第五十五条　实施行政强制措施应当遵守下列规定：

　　（一）实施前须依法向公安机关负责人报告并经批准；

　　（二）通知当事人到场，当场告知当事人采取行政强制措施的理由、依据以及当事人依法享有的权利、救济途径。当事人不到场的，邀请见证人到场，并在现场笔录中注明；

　　（三）听取当事人的陈述和申辩；

　　（四）制作现场笔录，由当事人和办案人民警察签名或者盖章，当事人拒绝的，在笔录中注明。当事人不在场的，由见证人和办案人民警察在笔录上签名或者盖章；

　　（五）实施限制公民人身自由的行政强制措施的，应当当场告知当事人家属实施强制措施的公安机关、理由、地点和期限；无法当场告知的，应当在实施强制措施后立即通过电话、短信、传真等方式通知；身份不明、拒不提供家属联系方式或者因自然灾害等不可抗力导致无法通知的，可以不予通知。告知、通知家属情况或者无法通知家属的原因应当在询问笔录中注明。

　　（六）法律、法规规定的其他程序。

　　勘验、检查时实施行政强制措施，制作勘验、检查笔录的，不再制作现场笔录。

　　实施行政强制措施的全程录音录像，已经具备本条第一款第二项、第三项规定的实质要素的，可以替代书面现场笔录，但应当对视听资料的关键内容和相应时间段等作文字说明。

四、法院裁判文书

中华人民共和国最高人民法院
行政判决书①

（2019）最高法行再 32 号

再审申请人（一审被告、二审上诉人）：湖南省甲市人民政府

被申请人（一审原告、二审上诉人）：陈某某

一审被告、二审上诉人：湖南省甲市公安局乙分局

再审申请人湖南省甲市人民政府（以下简称甲市政府）因被申请人陈某某诉该府及一审被告、二审上诉人湖南省甲市公安局乙分局（以下简称乙公安分局）行政强制及行政赔偿一案，不服湖南省高级人民法院于 2017 年 12 月 27 日作出的（2017）湘行终 730 号行政判决，向本院申请再审。本院于 2018 年 9 月 10 日立案受理本案，并于 2018 年 12 月 19 日作出（2018）最高法行申 8058 号行政裁定，提审本案。2019 年 2 月 22 日，本院编立提审案号，依法组成合议庭并于 2019 年 5 月 21 日下午在本

---

① 参见中国裁判文书网，https：//wenshu. court. gov. cn/website/wenshu/181107A NFZ0BXSK4/index. html？docId＝yOOMJM4RwGzIrDDIcQjE1E0GXXeGgE8Ayv6Abjwe5o4L PJ+xXTeX6vUKq3u+IEo4DpXej+Q8dCflKwzxZ3tBA7Sm0W/GDqwlpVGdPfM3nJKQ9PlQu// 8I7h+//u840yD，最后访问时间：2023 年 9 月 7 日。

院第一巡回法庭第二法庭进行公开开庭审理。再审申请人甲市政府的委托代理人赖某辉、曹某，被申请人陈某某的委托代理人彭某、许某礼，一审被告、二审上诉人乙公安分局的委托代理人谢某、李某辉，均到庭参加诉讼。案件现已审理终结。

湖南省岳阳市中级人民法院一审查明，因京港澳高速公路甲市收费站车道改扩建项目的需要，湖南省人民政府以（2014）政国土字第1887号《农用地转用、土地征收审批单》批准甲市国土资源局征收甲市经济技术开发区××乡××村、甲村、乙村、丙村部分集体土地的申请。随后甲市政府、甲市国土资源局据此开展相关的土地征收工作。2014年10月21日，甲市政府发布甲土公字（2014）07号《征收土地公告》；2014年12月4日，甲市国土资源局发布甲国土征补（2014）01号《征收补偿安置方案公告》。甲市江某农业科技开发有限公司（以下简称江某公司）自2006年起在××乡××村租赁土地及鱼塘用于葡萄种植及休闲垂钓经营，租赁期限为20年，其部分葡萄园、鱼池、水泥坪地、生产辅助用房及零星树木在拆迁红线范围内，系本次征地应当拆除的对象。

2015年3月12日，甲市收费站车道改扩建项目指挥部（以下简称指挥部）根据征地过程中与各村村委会、村民代表及其他被拆迁对象开会讨论的结果，委托湖南某资产评估有限公司对《甲市集体土地征收与房屋拆迁安置办法》名录外的拆迁项目进行了资产评估，甲市国土资源局适用湘政函（2014）113号《湖南省人民政府关于〈甲市集体土地征收与房屋拆迁安置办法〉的批复》进行核算并累加前述评估结论，核定江某公司地上附着物拆迁补偿款总计1029145元。此后甲市国土资源局与江某公司法定代表人彭某进行多次协商沟通，因彭某坚持要求对征收红线外的建筑及经营设施予以一并补偿，双方未能达成一致意见。2015年6月11日，指挥部通知彭某领补偿款未果后将款项提存于××乡××村村委会；2015年8月6日，甲市国土资源局对江某公司进行腾地告知；2015年8月24日，甲市国土资源局对江某公司作出甲国土资腾字（2015）第K01号《限期腾地决定书》，要求江某公司在5日内腾出土地。江某公司不服向甲省国土厅申请行政复议。复议期间，甲市政府于2015年9月30日组织相关工作人员现场施工，强行拆除江某公司位于车道改扩建项目红线范围内的生产辅助用房、零星树木、水泥坪地、葡萄园内种植葡萄的设施设备等。陈某某系彭某岳父，对于甲市政府组织实施的强拆行为不服，在现场阻止强拆行为进行，但未实施过激行为。乙公安分局对于陈某某采取强制带离现场的行政强制行为，未使用暴力。在带离现场过程中，造成陈某某身体受损，经鉴定所受损伤为：右侧第11肋骨两处骨折，右侧第12肋骨骨折，属轻伤二级。陈某某于2015年10月2日住院治疗，至2016年5月18日出院，共产生医疗费17082.2元，其中12000元由甲市政府垫付。陈某某住院期间由杨某湖护理。2016年9月18日，陈某某提起行政诉讼，请求确认甲市政府、乙公安分局于2015年9月30日对其实施的行政强制行为违法；由甲市政府、乙公安分局赔偿陈某某167905元。

另查明，江某公司因要求确认甲市政府、乙公安分局于2015年9月30日作出的行政强制行为违法并申请行政赔偿，于2016年6月14日向岳阳市中级人民法院提起行政诉讼。该案经过二审终审，确认甲市政府于2015年9月30日强制拆除江某公司部分葡萄园、钓鱼池和停车场的行政行为违法。

湖南省岳阳市中级人民法院（2016）湘06行初71号行政判决认为，本案的争议焦点问题为：1. 陈某某起诉是否超过法定期限；2. 陈某某的主体身份是否适格；3. 乙公安分局的主体身份是否适格；4. 甲市政府与乙公安分局对陈某某实施的行政强制行为是否违法；5. 赔偿责任的承担主体；6. 赔偿数额如何认定。

关于起诉期限问题，本案具体行政行为作出时，被告未告知原告起诉期限，起诉期限应从公民知道或者应当知道诉权或者起诉期限之日起计算，但从知道或者应当知道具体行政行为内容之日起最长不得超过二年。陈某某起诉在被诉行政行为发生之日起二年以内，未超过起诉期限。甲市政府与乙公安分局关于起诉期限的抗辩不能成立。关于陈某某的主体身份问题，陈某某虽不是强制拆除的对象，但其是强制带离现场行政强制措施的相对人，其与针对其实施的行政行为之间有法律上的利害关系，现陈某某依法对该行为的合法性提起诉讼，主体适格。甲市政府以陈某某不是被强拆主体为由认为陈某某不是本案适格主体的理由不能成立。

关于乙公安分局主体身份问题。在对江某公司部分设施设备强行拆除过程中，乙公安分局履行现场维护秩序的职责虽然是接受甲市政府指令，但在此过程中，乙公安分局以确保现场秩序为由，强制将陈某某带离现场的行政行为也应当受到监督。现陈某某认为该项行政强制措施违法并提起行政诉讼，乙公安分局作为具体实施该行为的行政机关，系本案适格被告。乙公安分局关于其不是本案适格被告的抗辩理由不能成立。

关于甲市政府与乙公安分局对陈某某实施的行政强制行为的合法性，此次强制拆除行为已经湖南省高级人民法院（2016）湘行终 1460 号行政判决终审确认为违法。乙公安分局为保障现场秩序，将陈某某强制带离现场的行为系该局执行甲市政府指令的行为，因该项指令被确认违法，导致强制带离行为也构成违法。陈某某主张甲市政府与乙公安分局实施的行政强制行为违法的理由成立。

关于赔偿责任的承担主体。本案中，虽然对陈某某具体实施强制带离行为的是乙公安分局，但该局作出的强制带离行为是为执行上级部门甲市政府的指令，所采取的行政强制行为的法律后果应当由对其发布指令的甲市政府负责。

关于赔偿数额的认定。陈某某的经济损失计算如下：1. 医疗费 17082.2 元。2. 护理费，陈某某住院期间由杨某湖护理，陈某某提出杨某湖系江某公司职工，但没有提交证据证实，一审法院对于护理费标准比照 2015 年居民服务业的工资标准计算。对于陈某某的住院期间，经查，陈某某于 2015 年 10 月 2 日进入甲市三医院住院治疗，自 2015 年 11 月 2 日起至出院之日止，没有在该院住院及进行医疗检查的记录，故陈某某的实际住院期间应为 2015 年 10 月 2 日至 11 月 2 日，共 31 天，其护理费计算为 42494÷365×31＝3609 元。3. 误工费，根据陈某某所受损伤（轻伤二级）程度，陈某某主张从其住院之日至其正式办理出院手续之日计算误工期间的理由成立，误工期间共计 230 天，依照《中华人民共和国国家赔偿法》第三十四条第一项的规定，按国家上一年度职工日平均工资 242.3 元计算，242.3×230＝55729 元。4. 陈某某被限制人身自由一天，每日赔偿金按照国家上年度职工日平均工资计算，其应获赔偿 242.3 元。5. 精神损害赔偿金的获赔标准应是违法行政行为对行政相对人的精神造成严重损害后果，本案行政行为的违法程度未达到上述标准，对于陈某某的该项诉讼请求，不予支持。陈某某的以上经济损失共计 76662.5 元，减除甲市政府已代为支付的医疗费 12000 元，其余 64662.5 元应由甲市政府赔偿。

综上，依照《中华人民共和国行政诉讼法》第七十四条第二款第一项、第七十六条，《中华人民共和国国家赔偿法》第二条第一款、第三条第一项、第五项、第三十三条、第三十四条第一项，《最高人民法院关于执行〈中华人民共和国行政诉讼法〉若干问题的解释》第四十一条、第五十六条第四项的规定，判决确认甲市政府、乙公安分局于 2015 年 9 月 30 日对陈某某实施的行政强制措施违法；由甲市政府于判决生效后十日内赔偿陈某某 64662.5 元；驳回陈某某的其他诉讼请求。陈某某、甲市政府、乙公安分局均不服一审判决，提起上诉。

湖南省高级人民法院二审另查明，2015 年 9 月 30 日，甲市政府召开会议，要求当日下午对涉案项目进行强制施工，其中要求甲市交通局负责现场指挥，乙公安分局负责维护现场秩序，某乡政府负责做好思想劝导和维稳工作，施工单位负责强制施工。

湖南省高级人民法院（2017）湘行终 730 号行政判决认为，2015 年 9 月 30 日，甲市政府在组织实施涉案强制拆除行为时，通知了多个单位参与，该各被通知参加单位按照甲市政府的指令，在该强制拆除行动过程中所实施的相关行为的法律后果，依法应由甲市政府承担。因此，乙公安分局不是本案的适格被告，陈某某对乙公安分局的起诉，依法应予驳回。

甲市政府组织实施的涉案行政强制拆除行为，包括对被征收项目的强制和对拒不离场留守人员的人身强制两个方面。陈某某因该行政强制拆除行为受到人身损害而提起本案诉讼，一审法院依法受理后，经审理认为该行政强制拆除行为中的人身强制行为违法，并就此进行裁判，处理得当。甲市政府上诉称陈某某所诉的行政行为为行政强制拆除行为，一审法院判决确认强制带离行为违法属于判非所诉，其不是本案适格被告的上诉理由，不能成立。

涉案强制拆除行为已被生效判决确认违法，甲市政府因违法组织实施该强制拆除行为而造成陈某某人身损害后，依法应当承担相应的行政赔偿责任。陈某某所提供的相关医院出具的相关证据表明，陈某某于 2016 年 5 月 18 日出院，一审对该事实的认定，并无不当。《中华人民共和国国家赔偿法》第三十四条第一款第一项规定："造成身体伤害的，应当支付医疗费、护理费，以及赔偿因误工减少的收入。减少的收入每日的赔偿金按照国家上年度职工日平均工资计算，最高额为国家上年度职工年平均工资的五倍。"因该规定并未对受害人"因误工减少的收入"设定年龄限制，甲市政府上诉主张陈某某不应获得误工收入损失赔偿的理由，没有法律依据。

《中华人民共和国国家赔偿法》第三十五条规定："有本法第三条或者第十七条规定情形之一，致人精神损害的，应当在侵权行为影响的范围内，为受害人消除影响，恢复名誉，赔礼道歉；造成严重后果的，应当支付相应的精神损害抚慰金。"本案中，陈某某没有提供证据证明涉案强制拆除行为致使其精神损害并造成严重后果，故陈某某请求甲市政府对其进行精神损害赔偿的诉求，没有事实和法律依据。

综上所述，陈某某、甲市政府的上诉理由不能成立，不予支持；乙公安分局的上诉理由部分成立，对其成立部分，予以支持。一审认定事实清楚，但部分法律适用错误，部分处理结果不当，依法应予纠正。依照《最高人民法院关于适用〈中华人民共和国行政诉讼法〉若干问题的解释》第三条第一款第三项，《中华人民共和国行政诉讼法》第八十九条第一款第一项、第二项的规定，判决驳回陈某某对乙公安分局的起诉；维持湖南省岳阳市中级人民法院（2016）湘06行初71号行政判决的第二项、第三项；变更湖南省岳阳市中级人民法院（2016）湘

06 行初 71 号行政判决的第一项为：确认甲市政府于 2015 年 9 月 30 日对陈某某实施的行政强制行为违法。

甲市政府申请再审称，1. 强制拆除与人身强制属于不同的行政行为，该府组织实施的强制拆除行为仅限于对被征收项目的强制拆除行为，不包括对拒不离场留守人员的人身强制。甲市政府并未指令乙公安分局实施强制带离行为，其行为系依法定职权作出。即使存在指令，也是指令其维护现场秩序。故甲市政府并非行政强制带离行为的实施主体和责任主体，并非本案的适格被告。乙公安分局以自己的名义实施强制带离行为，由此产生的法律责任应由其独立承担。2. 一、二审判决对于损害结果部分，认定事实不清。陈某某年事已高，亦无证据显示仍在编在岗工作，不应有误工费；无证据显示住院时间和护理费支出；无证据证明医疗费、护理费、误工费与强行带离行为存在因果关系。综上，请求撤销二审判决，驳回陈某某对甲市政府的起诉。

陈某某答辩称，因案涉征收补偿未到位，江某公司拒不腾地诉求正当、合理、合法。甲市政府征收过程不合法，动用公安民警采取暴力方式强制征地拆除，造成严重后果，应当承担法律责任和赔偿责任，并追究相关负责人的责任。根据《中华人民共和国国家赔偿法》第三十四条第一款第一项的规定，造成身体伤害的，应当赔偿因误工减少的收入，减少的收入每日的赔偿金按照国家上年度职工日平均工资计算，最高额为国家上年度职工年平均工资的五倍。一、二审认定陈某某误工费为

55729 元，按照最高额 5 倍计算应为 278645 元，请求法院另行调整增加误工费 222916 元。综上，请求查明事实真相，依法裁判。

乙公安分局陈述称，该局并未实际参与、实施甲市政府主导的拆迁工作，二审判决事实认定清楚，适用法律正确。从《情况说明》的内容来看，乙公安分局系应上级单位甲市政府的要求在强拆当天负责派员到现场维护秩序，属于履行法定职责的行为。行政相对人在现场阻工，乙公安分局出于依法履职的必要对其实施强制带离行为，带离过程中并未与对方发生暴力冲突，亦未违法使用武器、警械，没有超过执法的必要限度，行政相对人并未因该局的强制带离行为受到损害。二审已查明系甲市政府主导的强制拆除行为违法，由强拆行为引发的相关行为被认定违法，应当由甲市政府承担相应法律责任，乙公安分局不应承担强拆行为所导致的法律后果。请求维持二审判决。

本院另查明，根据乙公安分局询问笔录显示，陈某某于 2015 年 9 月 30 日 18 时 48 分至 19 时 34 分在乙公安分局执法办案区接受询问；于 2015 年 11 月 2 日 15 时 38 分至 16 时 59 分在甲市第三人民医院 6 楼 11 床接受询问。

再查明，江某公司诉甲市政府、乙公安分局行政强制及行政赔偿一案，湖南省高级人民法院于 2017 年 3 月 14 日作出（2016）湘行终 1460 号行政判决。该判决载明经一、二审法院审理查明的事实包括："甲市政府于 2015 年 9 月 30 日组织相关工作人员现场施工强行拆除了江某公司位于车道改扩建项目红线范围内的生产辅助用房、零星树木、水泥坪地、葡萄园内种植葡萄的设施设备等，强拆过程中还造成江某公司饲养的部分土鸡遗失。当日，乙公安分局一直在现场维护秩序，未具体实施强拆行为。"一、二审均认为乙公安分局在强拆当天派员到现场维护秩序是其履行法定职责的行为，不是强拆的实施主体，江某公司主张乙公安分局应当承担法律责任的理由不能成立，判决驳回该公司要求确认乙公安分局强拆行为违法及赔偿的诉讼请求。

本院认为，本案的争议焦点问题主要有三，一是本案的适格被告如何确定；二是对陈某某的强行带离行为是否合法；三是陈某某的赔偿请求应否支持，赔偿数额应如何计算。

一、关于本案的适格被告问题

《中华人民共和国行政诉讼法》第二十六条第一款规定，公民、法人或者其他组织直接向人民法院提起诉讼的，作出行政行为的行政机关是被告。职权法定原则是行政法的基本原则，行政机关依照法律规定独立行使职权并承担相应的法律责任。对于有多个行政主体实施或参加的行政行为，在确定适格被告时，要根据作出行政行为的行政主体是否具有法定职权、在行政行为中的参与程度和具体分工、有无接受委托或指令等情形，结合相关实体法律规范进行综合判定。《中华人民共和国治安管理处罚法》第七条第一款规定，国务院公安部门负责全国的治安管理工作，县级以上地方各级人民政府公安机关负责本行政区域内的治安管理工作。《中华人民共和国人民警察法》第八条规定，公安机关的人民警察对严重危害社会治安秩序或者威胁公共安全的人员，可以强行带离现场、依法予以拘留或者采取法律规定的其他措施。也就是说，公安机关有对违反治安管理行为进行处理的法定职责，人民警察有权对严重危害社会治安秩序或者威胁公共安全的人员实施强行带离等措施。

陈某某起诉要求确认甲市政府、乙公安分局于 2015 年 9 月 30 日对其实施的行政强制行为违法，实质上是要求确认行政机关对拒不离场留守人员实施的强行带离行为违法。本案中，江某公司位于乙公安分局辖区范围内，在甲市政府组织对江某公司的强拆行为时，乙公安分局具有在现场维持秩序并依法采取相应强制措施的法定职权。甲市政府在强拆前做出"乙公安分局负责现场维护秩序"的工作布置，亦符合职权法定原则，且现有在案证据不能证实甲市政府对乙公安分局下达过强行带离的具体指令。根据"谁行为，谁为被告；行为者，能为处分"的法定主体原则，本案中被诉的强行带离行为的适格被告是乙公安分局，而非甲市政府。一审关于将被征收人强制带离现场的行为系乙公安分局执行甲市政府指令的行为的认定，缺乏事实根据，认定事实不清，应予纠正。二审则认为甲市政府组织实施的行政强制拆除行为包括对被征收项目的强制和对拒不离场留守人员的人身强制两个方面，亦属适用法律错误、认定事实不清，本院予以纠正。虽然已有生效判决确认甲市政府于 2015 年 9 月 30 日实施的强制拆除行为违法，但一、二审没有结合本案被诉带离行为的职权依据、事实根据和程序要件等进行合法性全面审查，而是简单依据另案的违法事实认定乙公安分局实施了强行带离行为且该行为亦属违法，缺乏事实根据和法律依据，本院一并予以指正。

二、关于被诉强行带离行为的合法性问题

根据《中华人民共和国人民警察法》第八条的规定，人民警察有权对严重危害社会治安秩序或者威胁公共安全的人员实施强行带离等措施。根据《公安机关办理行政案件程序规定》（2012年修订）第四十二条的规定，公安机关办理行政案件时，可以依法对违法嫌疑人采取保护性约束措施、继续盘问、强制传唤、强制检测、拘留审查、限制活动范围等强制措施。第四十四条则规定，情况紧急，当场实施行政强制措施的，办案人民警察应当在二十四小时内依法向其所属的公安机关负责人报告，并补办批准手续；当场实施限制公民人身自由的行政强制措施的，办案人民警察应当在返回单位后立即报告，并补办批准手续。第四十五条规定，为维护社会秩序，人民警察对有违法嫌疑的人员，经表明执法身份后，可以当场盘问、检查；对当场盘问、检查后，不能排除其违法嫌疑，依法可以适用继续盘问的，可以将其带至公安机关，经公安派出所负责人批准，对其继续盘问；继续盘问的时限一般为十二小时。

本案中，在甲市政府对江某公司实施强制拆除过程中，因陈某某在现场实施阻止行为，为维护公共安全，乙公安分局对陈某某采取强制措施带离现场。乙公安分局对陈某某的询问时间不违反相关法律法规的限制，亦未对陈某某采取其他限制人身自由的强制方式。但是根据一、二审查明的事实及在案证据，乙公安局实施上述强制措施，并未提交证据证明其在事后补办批准手续。一、二审均认定，陈某某在被带离现场过程中，造成右侧肋骨数处骨折，经鉴定为轻伤二级，并入院治疗。乙公安分局虽主张陈某某的受伤与其带离行为无关，其强制带离行为未超过必要的限度，但该局并未提供现场执法记录等有效证据证实其主张。乙公安分局的强行带离行为违反法定程序，且超过必要限度，应当确认违法。一审判决确认甲市政府及乙公安分局于 2015 年 9 月 30 日对陈某某实施的行政强制行为违法，二审判决确认甲市政府于 2015 年 9 月 30 日对陈某某实施的行政强制行为违法，均没有事实根据和法律依据，应予纠正。

三、关于赔偿请求应否支持及赔偿数额如何计算的问题

《中华人民共和国国家赔偿法》第二条第一款规定，国家机关和国家机关工作人员行使职权，有本法规定的侵犯公民、法人和其他组织合法权益的情形，造成损害的，受害人有依照本法取得国家赔偿的权利。《中华人民共和国行政诉讼法》第三十八条第二款规定，在行政赔偿、补偿的案件中，原告应当对行政行为造成的损害提供证据。因被告的原因导致原告无法举证的，由被告承担举证责任。陈某某因违法强行带离行为造成的损害，乙公安分局应予依法赔偿。在赔偿范围的确定上，一、二审均确认陈某某的医疗费、护理费、误工费属于赔偿范围，精神损害赔偿金请求则不予支持，本院予以认可。但是，一、二审均判决应赔偿陈某某被限制人身自由一天的赔偿金，则缺

乏事实根据和法律依据，本院不予支持。

关于赔偿金额的计算。一、二审对于医疗费、护理费的认定，符合本案实际情况，计算准确。陈某某自2015年11月2日以后就没有住院及医疗检查记录，故一、二审在计算护理费时认定陈某某的实际住院时间为31天，并无不当。但是，一、二审在认定误工费时又按照陈某某主张的正式办理出院手续之日计算误工期间，前后标准不一致。陈某某的误工期间也应当确定为31天，误工费为242.3×31＝7511.3元。陈某某的经济损失包括医疗费17082.2元、护理费3609元、误工费7511.3元，共计28202.5元，其中甲市政府代付的医疗费12000元，乙公安分局应支付给甲市政府，其余16202.5元应由乙公安分局赔偿。

综上，甲市政府的再审申请符合《中华人民共和国行政诉讼法》第九十一条第三项、第四项规定的情形。依照《中华人民共和国行政诉讼法》第六十九条、《最高人民法院关于适用〈中华人民共和国行政诉讼法〉的解释》第一百一十九条、第一百二十二条之规定，判决如下：

一、撤销湖南省高级人民法院（2017）湘行终730号行政判决；

二、撤销湖南省岳阳市中级人民法院（2016）湘06行初71号行政判决；

三、驳回陈某某对湖南省甲市人民政府的起诉；

四、确认湖南省甲市公安局乙分局于2015年9月30日对陈某某实施的行政强制措施违法；

五、由湖南省甲市公安局乙分局于本判决生效后十日内赔偿28202.5元，其中支付给陈某某16202.5元，支付给湖南省甲市人民政府12000元；

六、驳回陈某某的其他诉讼请求。

一、二审案件受理费共100元，由湖南省甲市公安局乙分局负担。

本判决为终审判决。

第五章 行政许可案

——甲省国土资源厅对"丙区饭某堆
北段有色金属矿"延续丙区饭某堆
北段有色金属矿采矿许可有效期案

一、基本案情

2006 年 1 月 16 日，甲省国土资源厅（以下简称甲省国土厅）向乙市兴某矿业有限公司颁发 4300000620×××号《采矿许可证》，矿山名称为"乙市兴某矿业有限公司红某岭矿"，开采矿种为"锡矿、钨、砷"，有效期限为 2006 年 1 月至 2010 年 1 月。红某岭矿原为国有企业乙市桥口铅锌矿红某岭矿区。2005 年该国有企业改制，通过招拍挂处置矿业权，乙市兴某矿业有限公司竞得该采矿权。2009 年，矿山与中某集团合作，成立中某兴某矿业有限公司（以下简称中某兴某公司）作为经营主体，并于 2010 年在甲省国土厅办理转让和变更（延续）登记手续，采矿权人变更为中某兴某公司。由于锡矿储量达到中型以上，2010 年 11 月和 2011 年 10 月，中某兴某公司在中华人民共和国国土资源部（以下简称国土资源部）① 办理了采矿许可延续登记手续，证号为 C4300002010013210053×××。经延续，该采矿证的有效期为 2011 年 10 月 7 日至 2012 年 10 月 7 日，发证日期为 2011 年 12 月 26 日。同时，国土资源部在该采矿许可证上标注："请在本证有效期内解决重叠问题，重叠问题解决后，再申请办理延续登记。否则不再予以延续。"

　　2006 年 3 月 24 日，乙市国土资源局（以下简称乙市国土局）颁发 2006 年《采矿许可证》，采矿权人为"丙区饭某堆北段有色金属矿"，矿山名称为"丙区饭某堆北段有色金属矿"，开采矿种为"铅矿、锌、银"，有效期限为 2006 年 3 月至 2011 年 3 月。2010 年 12 月，乙市国土局进行换证，证号变更为 C4300002010123230090×××。2011 年该证到期后，由甲省国土厅办理采矿权延续登记手续，并将开采矿种变更为"锡矿、铅、锌、综合回收钨、银、铜"。同时，由于原矿山企业不具备法人资格，矿山重新登记成立了饭某堆矿业有限公司（以下简称饭某堆公司）作为新的采矿权人，并办理了变更登记手续，证号不变，即 2011 年《采矿许可证》。经延续和变更登记，该采矿许可证的有效期限为 2011 年 9 月 1 日至 2014 年 9 月 1 日。

　　据地质资料和矿山储量核实，红某岭矿与饭某堆矿存在矿区垂直投影重叠。自 2010 年起，为了确保矿山安全生产，乙市人民政府和乙市丙区人民政府将红某岭矿区列为重点整合矿区，

---

　　① 经 2018 年国务院机构改革，将国土资源部的职责整合，组建自然资源部。全国各地的国土资源行政管理部门也陆续重新组建为自然资源行政管理部门。

拟通过资源整合彻底解决矿区矿山设置过密及部分矿区范围垂直投影重叠等问题。2011 年 5 月 16 日，饭某堆公司与中某兴某公司签订承诺书，双方承诺在采矿生产过程中保证做到合法开采、安全生产，不超深越界。

因在采矿许可证有效期内无法解决重叠问题，中某兴某公司于 2012 年 11 月向国土资源部提出行政复议申请，以甲省国土厅授权乙市国土局向饭某堆公司颁发《采矿许可证》违法、甲省国土厅在该公司矿业权坐标范围内重叠、交叉向饭某堆公司设置采矿权侵权、甲省国土厅授权乙市国土局向饭某堆公司颁发《采矿许可证》违反法定程序等为由，请求：撤销甲省国土厅（授权乙市国土局）于 2006 年向饭某堆公司颁发、于 2011 年又经甲省国土厅延续的 2011 年《采矿许可证》的具体行政行为。2012 年 12 月 12 日，国土资源部决定受理中某兴某公司提出的复议申请，并通知饭某堆公司参加行政复议。因认为需要进一步查明有关事实和依据，国土资源部于 2013 年 1 月 30 日中止该案的审理。2014 年 7 月 14 日，国土资源部恢复该案审理，并于同日作出被诉复议决定。饭某堆公司不服，提起本案行政诉讼。

二、要件评析

案情及最高人民法院判决书中涉及数个案件，本节主要从行政执法角度分析 2011 年甲省国土厅对饭某堆公司前身"丙区饭某堆北段有色金属矿"延续丙区饭某堆北段有色金属矿采矿许可有效期案要件。准予延续行政许可决定因改变先行行政许可决定有效期这一关键要件，在实质上是一个新的行政许可决定，其与作为初次行政许可决定的先行行政许可决定的不同主要在于：一是简化行政许可程序要件；二是除非法定要件特别是相对人角度要件因执法规范的规定而变更按变更后的要件审查外，依先行决定的要件审查；三是被准予延续行政许可决定的相对人限于先行行政许可决定的被许可人（含依法变更后的被许可人，下同），申请延续行政许可的申请人也限于先行行政许可决定的被许可人，也就是准予延续行政许可决定的相对人具有排他性。

按照案情指示，本案发生在 2011 年，作为准予延续行政许可有效期决定，案涉事项要件按照当时的规定分布于 2009 年《矿产资源法》（有效期间为 2009 年 8 月 27 日起至今）、2004 年《行政许可法》（有效期间为 2004 年 7 月 1 日起至 2019 年 4 月 22 日止）、1994 年《矿产资源法实施细则》（国务院令第 152 号，有效期间为 1994 年 3 月 26 日起至今）、1998 年《矿产资源开采登记管理办法》（国务院令第 241 号，有效期间为 1998 年 2 月 12 日起至 2014 年 7 月 28 日止）、2001 年《国务院办公厅转发国土资源部〈关于进一步治理整顿矿产资源管理秩序的意见〉的通知》（国办发〔2001〕85 号，有效期间为 2001 年 11 月 3 日起至 2015 年 11 月 26 日止）、2011 年《国土资源部关于进一步完善采矿权登记管理有关问题的通知》（国土资发〔2011〕14 号，有效期间为 2011 年 1 月 20 日起至 2015 年 5 月 4 日止）等规定中。

按照 2004 年《行政许可法》第五十条"被许可人需要延续依法取得的行政许可的有效期的，应当在该行政许可有效期届满三十日前向作出行政许可决定的行政机关提出申请。但是，法律、法规、规章另有规定的，依照其规定。行政机关应当根据被许可人的申请，在该行政许可有效期届满前作出是否准予延续的决定；逾期未作决定的，视为准予延续"的规定，准予延续行政许可有效期决定的首要要件是存在合法有效的先行准予行政许可决定，因此，本题分两部分，先简要论述案情所指示的 2006 年乙市国土局许可饭某堆公司前身"丙区饭某堆北段有色金属矿"开采丙区饭某堆北段有色金属矿"铅矿、锌、银"案件的要件，再论述 2011 年甲省国土资源厅对饭某堆公司前身"丙区饭某堆北段有色金属矿"延续饭某堆北段有色金属矿采矿许可有效期案件要件。

（一）2006 年乙市国土局许可饭某堆公司前身"丙区饭某堆北段有色金属矿"开采丙区饭某堆北段有色金属矿"铅矿、锌、银"案要件

本许可案件发生在 2006 年，对应的许可事项由 1997 年《矿产资源法》（有效期间为 1997 年 1 月 1 日起至 2009 年 8 月 26 日止）第十六条设定，2009 年《矿产资源法》第十六条延续了这一设定。

1. 关于组织要件

本案在组织要件上，主要问题存在于事项和级别管辖上，为节省篇幅，本部分只分析这两个组织要件，但是，在实际执法办案中，执法办案组织要全面分析案涉事项要件，即不仅要分析事项和级别管辖要件，还要分析清楚时效管辖、地域管辖、对人管辖、指定管辖，以及执法人员符合规定等组织要件，否则容易形成错案。行政许可要件笔者在《行政执法办案实务：要件、流程与文书》[①] 一书中已经分析整理，阅读本部分时可以参阅。

在事项和级别管辖上，对于案涉开采银、铅、锌矿产资源许可事项，1997 年《矿产资源法》第十六条明确规定了三类许可主体，在层级上分中央和省级两类。开采该条第一款、第二款规定以内的矿产资源，以及这两款规定以外的大型储量规模的矿产资源，由国务院地质矿产主管部门审批，其中开采石油、天然气、放射性矿产等特定矿种的，可以由国务院授权的有关主管部门审批。开采该条第一款、第二款规定以外的中型储量规模的矿产资源，由省、自治区、直辖市人民政府地质矿产主管部门审批。国务院地质矿产主管部门审批的范围，除第十六条第一款第（一）项至第（四）项明确规定的范围外，依该条第一款第（五）项规定，还包括国务院规定由其审批的其他矿产资源。依照国务院制定发布的 1998 年《矿产资源开采登记管理办法》附录"国务院地质矿产主管部门审批发证矿种目录"，其中"10 银""17 铅""18 锌"名列其中。因此，可以明确，开采银、铅、锌矿产资源许可事项，在上述法律、行政法规有效期内，无论其对应的矿产储量规模，其许可主体均为国务院地质矿产主管部门。

对于省级政府地质矿产主管部门作为许可主体的采矿许可

---

① 　夏云峰：《行政执法办案实务：要件、流程与文书》，中国法制出版社 2022 年版。

事项，1998 年《矿产资源开采登记管理办法》较 1997 年《矿产资源法》作了进一步规定，扩大了其审批权限，依照其第三条第三款第（二）项规定，含"国务院地质矿产主管部门授权省、自治区、直辖市人民政府地质矿产主管部门审批登记的矿产资源"。1998 年地质矿产部①《关于授权颁发勘查许可证采矿许可证的规定》（地发〔1998〕48 号，有效期间为 1998 年 3 月 17 日起至今）依次规定"《矿产资源开采登记管理办法》附录中规定的下列矿产，授权给省、自治区、直辖市人民政府地质矿产主管部门审批发证：1. 油页岩 2. 地热 3. 锰 4. 铬 5. 钴 6. 铁 7. 硫 8. 石棉 9. 矿泉水""《矿产资源开采登记管理办法》附录中除上述以外的其他矿产，其矿山生产建设规模为中型以下的，授权给省、自治区、直辖市人民政府地质矿产主管部门审批发证""以上被授权审批勘查和开采矿产资源的登记管理机关不得再行授权"。2005 年《国土资源部关于规范勘查许可证采矿许可证权限有关问题的通知》（国土资发〔2005〕200 号，有效期间为 2005 年 9 月 30 日起至 2020 年 5 月 26 日止）依次规定"（十一）金、银、铂、锰、铬、钴、铁、铜、铅、锌、铝、镍、钼、磷、钾、锶、金刚石、铌、钽矿床储量规模为大型（含）以上的，由国土资源部颁发采矿许可证，其余授权省级人民政府国土资源主管部门颁发采矿许可证""（十七）省级人民政府国土资源主管部门对国土资源部授权其审批登记颁发的勘查许可证、采矿许可证的权限不得再行授权""（二十二）本通知自

---

① 经 1998 年国务院机构改革，组建国土资源部，不再保留地质矿产部。

发布之日起实行，以往授权与本通知不一致的，一律以本通知规定为准"。因此，在上述规定的有效期间内，开采储量规模为中型及以下的银、铅、锌矿产资源许可事项的许可主体只能是省级政府地质矿产主管部门。

本案乙市国土局作为市级地质矿产主管部门，依照上述规定显然无权许可饭某堆公司前身"丙区饭某堆北段有色金属矿"申请开采丙区饭某堆北段有色金属矿"铅矿、锌、银"事项，其收到申请后，应当依照2004年《行政许可法》第三十二条第一款第（二）项"申请事项依法不属于本行政机关职权范围的，应当即时作出不予受理的决定，并告知申请人向有关行政机关申请"的规定，作出不予受理的决定，申请开采储量规模在中型及以下的，告知申请人向甲省国土厅申请；大型的，告知申请人向国土资源部申请。为便利申请人，如国土资源部、甲省国土厅已经依法委托市级国土局代为受理（委托受理要件），则乙市国土局应当指导申请人完善资料，符合法定受理要件的，作出受理决定。案涉丙区饭某堆北段有色金属矿银、铅、锌储量规模在案情和判决书中均未描述，从判决书整体看，应是储量在中型或者以下，未达到大型或者以上。

另外，案情指示"中某兴某公司于2012年11月向国土资源部提出行政复议申请，以甲省国土厅授权乙市国土局向饭某堆公司颁发《采矿许可证》违法"，最高人民法院判决书指示"甲省国土厅根据原甲省地质矿产厅《关于委托审批登记颁发采矿许可证的通知》（甲地行发〔1998〕6号，以下简称甲地行发

〔1998〕6号文件）规定，将小规模铅、锌、银等矿种的审批发证权限下放至市级国土资源部门"。最高人民法院在判决书中认定，"乙市国土局2006年许可行为，系根据甲地行发〔1998〕6号文件进行。该通知授权市级国土资源部门以自己名义而非以甲省国土厅的名义审批并颁发采矿许可证""违反地发〔1998〕48号文件和国土资发〔2005〕200号文件中有关应当由省级国土资源部门审批发证并不得再行授权的规定"。

对此，一是关于授权。授权通常是指法律、法规授予特定执法组织特定执法事项的决定权，并因而授予被授权执法组织与决定要件相关的其他要件的实施权（全部授权），或者授予特定执法事项的要件的实施权（如授予许可受理要件实施权，部分授权），被授权组织以自己的名义实施各要件，这种授权对被授权组织而言，可以称为法律授权，被授权组织包括行政法律上所称的行政机关和法律、法规授权的组织。在法律、法规的授权规定与被授权执法组织之间只有一个具体化执法职权的"三定"规定等文件。此外，还存在一种授权，即如案涉事项前述和上述，法律、法规不直接将执法事项的要件实施权授予特定执法组织，而是规定由具有该执法事项决定权的执法组织根据需要和实际情况，可以将特定执法事项①各要件的实施权，包

---

① 须注意，这里的特定执法事项是授权执法组织具有的类执法事项职权中的一个或者数个，而不能是全部或者大部类执法事项都予以授权，否则容易产生规避执法职责的不良后果。如果授权执法组织所具有的类执法事项职权的全部或者大部都可授权下级执法组织，那么法律、法规应该直接作出授权规定，而不是中介于具有类执法事项职权的执法组织去授权。正因为这种授权可能产生的不良后果，法律、法规应当尽量避免作出此种规定，确需作出这种规定的，应当在规定时作必要限制。

括决定要件的实施权授予特定执法组织（全部授权或者部分授权），被授权组织以自己的名义实施各要件，因这种授权通常是在相对应的执法组织上下级之间进行的，对被授权组织而言，可以称为上级授权。在法律、法规授权规定与被授权执法组织之间至少存在三个要素：授权的执法组织，授权的执法组织具有授权事项职权的"三定"依据，授权的执法组织关于授权事项的规定（行政规范性文件）。

上级授权是上级执法组织依法有特定执法事项职权，而下级执法组织依法没有特定执法事项职权，通过上级授权使下级执法组织具有了特定执法事项职权。与上级授权相关联的，还有一种重要的执法事项"授权"形态，就是上级执法组织对与下级执法组织共有执法事项执法职责职权的划分，也就是级别管辖问题，对此，一方面，上级执法组织有权作出执法事项级别管辖划分的规定；另一方面，也是更重要的方面，不得将法律法规规定的任一上下级执法组织都具有执法职责的事项"全部授权"给下级执法组织，只能根据执法事项的不同构成要件，划分特定事项上下级管辖的不同情形，否则即为违法。法律规定"县级以上主管部门……"管辖某执法事项，中、省、市主管部门以自己的规定将该执法事项规定为由县级主管部门管辖，自己不再管辖，是自己发文取消自己的法定职责，这是再明显不过的违法了。违反立法法的规定，以法规、规章形式作上述规定，亦属违法等。

二是关于委托。委托是由特定委托执法组织授予特定受委托执法组织特定事项各要件的实施权，要么授予决定要件以及与其有关的其他要件实施权（全部委托），要么授予决定要件以外的与其有关的其他要件的实施权（如委托许可受理要件实施权，部分委托），具体授予哪个要件、哪些要件的实施权，依照法律规定和委托书约定，受委托组织以委托组织的名义实施被委托的各要件。一方面委托通常要有法律、法规、规章的依据；另一方面在委托的法律、法规、规章依据与受委托执法组织之间至少存在四个要素：委托的执法组织，委托的执法组织具有委托事项职权的法律依据，委托的执法组织具有委托事项职权的"三定"依据，委托书。

三是行政许可的委托。依照 2004 年《行政许可法》第二十四条"行政机关在其法定职权范围内，依照法律、法规、规章的规定，可以委托其他行政机关实施行政许可。委托机关应当将受委托行政机关和受委托实施行政许可的内容予以公告。委托行政机关对受委托行政机关实施行政许可的行为应当负责监督，并对该行为的后果承担法律责任。受委托行政机关在委托范围内，以委托行政机关名义实施行政许可；不得再委托其他组织或者个人实施行政许可"的规定进行。这里的委托既可以是全部委托，也可以是部分委托，"依照法律、法规、规章"确定。

四是名为委托，实为授权的，认定为授权。本案涉及的原甲省地质矿产厅《关于委托审批登记颁发采矿许可证的通知》作为违规规定，作为违规的执法依据，对其中的违规内容，下级执法组织包括乙市国土局对此的处理，有规定的依照规定，没有规定的可以参考 2005 年 4 月 27 日发布的《公务员法》（有效期间为 2006 年 1 月 1 日起至 2017 年 12 月 31 日止）第五十四条 "公务员执行公务时，认为上级的决定或者命令有错误的，可以向上级提出改正或者撤销该决定或者命令的意见；上级不改变该决定或者命令，或者要求立即执行的，公务员应当执行该决定或者命令，执行的后果由上级负责，公务员不承担责任；但是，公务员执行明显违法的决定或者命令的，应当依法承担相应的责任"的规定处理。

2. 关于依据要件

案涉相对人角度许可事项为，申请开采储量规模为中型及以下的银、铅、锌矿产资源事项，其要件如下：

行为（申请）时间要件为，在设定本许可事项的执法规范的有效期间内。在 2004 年《行政许可法》生效以后，即 2004 年 7 月 1 日以后申请的，在法律（《矿产资源法》）以及有关的行政法规、国务院决定、地方性法规、省级政府规章有关规定的有效期间内。

行为（申请）地点要件为，在本事项具有受理职权的执法组织指定的申请地点（如政务大厅、本单位政务服务窗口等），没有指定地点的，在其办公地点。

行为（申请）主体要件按照 1997 年《矿产资源法》第三条第四款、第四条、第十五条，第五章的规定，为符合规定的资质条件的矿山企业，包括国有矿山企业、集体矿山企业和个体。

依照 1994 年《矿产资源法实施细则》第七条的规定，包括外国的公司、企业和其他经济组织以及个人，依照该实施细则第八条第三款的规定，包括私营矿山企业。各主体的资质条件，依照 1994 年《矿产资源法实施细则》第十一条至第十四条等规定确定。

行为（申请）意识要件，对于企业应为"明知"，对于个人，因开采矿产的复杂性，应为完全民事行为能力人。

实行（申请）行为要件，依照 2004 年《行政许可法》的规定，行为（申请）主体应当实际申请、诚实申请、准确申请、完全申请开采储量规模为中型及以下的银、铅、锌矿产资源，可以依法委托申请、非当面申请。

依照 1998 年《矿产资源开采登记管理办法》第四条第一款"采矿权申请人在提出采矿权申请前，应当根据经批准的地质勘查储量报告，向登记管理机关申请划定矿区范围"的规定，还存在先行申请划定矿区范围要件，属相对人角度程序要件，此应指非"招拍挂"方式出让要件。

申请开采储量规模为中型及以下的银、铅、锌矿产资源的事项属作为行为（申请）对象的执法组织管辖范围，对应相应执法组织管辖范围，或者属该执法组织的受理范围。

作为申请内容的开采储量规模为中型及以下的银、铅、锌矿产资源事项的要件，依照 1998 年《矿产资源开采登记管理办法》第五条等规定确定，被准予开采的，这些申请内容要件通常记载于相应的《采矿许可证》之中。

行为（申请）对象要件为向有管辖权的执法组织申请。

行为（申请）结果要件为被准予开采储量规模为中型及以下的银、铅、锌矿产资源。

因果关系要件为申请开采储量规模为中型及以下的银、铅、锌矿产资源的行为是被准予开采储量规模为中型及以下的银、铅、锌矿产资源的原因。

3. 关于根据要件

本案事实根据要件如下：

在行为（申请）时间要件事实上，案情和判决书均未描述具体申请时间。

在行为（申请）地点要件事实上，案情和判决书均未描述具体申请地点。

在行为（申请）主体要件事实上，从案情和判决书看，无论是申请主体的名称，还是申请主体的性质均未描述。从案情证载"采矿权人为'丙区饭某堆北段有色金属矿'"描述看，本案申请主体推定为"丙区饭某堆北段有色金属矿"，这一申请主体的名称是不规范的，同时也无法以此推定出申请主体的性质。

在行为（申请）意识要件事实上，案情和判决书均未描述。

在实行（申请）行为要件事实上，案情和判决书均未描述。

在行为（申请）对象要件事实上，案情和判决书未描述，从案情和判决书整体推定是向乙市国土局申请。

在行为（申请）结果要件事实上，案情指示乙市国土局向"丙区饭某堆北段有色金属矿"颁发"2006年《采矿许可证》"，判决书描述为"2006年4310000610×××号《采矿许可证》"。

在因果关系要件事实上，因实行（申请）行为要件事实案情和判决书均未描述，无法形成因果关系事实。

以上要件事实因案情和案情来源的判决书指向重点原因，多有缺失描述，但是，这些要件事实，在本案案卷中都必须被明确记载，在实际执法办案中认定这些要件事实都要达到确凿、清楚。

4. 关于证据要件

本案相对人角度要件事实的证据，案情和判决书均未具体提及。

在实际执法办案中，本案要件事实的证据，不仅仅是相对人角度要件事实的证据，包括前述组织要件中的执法人员符合规定的证据，下述理由等程序要件的证据，决定要件的证据，都应达到合法、真实、充足，并记载于本案案卷之内，最好将前述组织要件中的管辖权要件证据一并附卷，防止被监督时说不清楚。

5. 关于理由等程序要件

案涉事项的程序要件，主要规定在2004年《行政许可法》和1998年《矿产资源开采登记管理办法》之中。在实际执法办案时，在有专门程序法律的情况下，应当以专门程序法律为主，以其他法律、法规、规章和行政规范性文件为辅，归结执法办案程序要件，以防止要件混乱。案涉事项要件，即以 2004 年《行政许可法》为主要归结要件对象，以 1998 年《矿产资源开采登记管理办法》等法律、法规、规章和行政规范性文件归结的要件为补充。

2004 年《行政许可法》规定了回避、公示和公布、说明与解释、提供、受理、审查、告知、听证、送达、期间等一般程序要件①，在第六节特别规定中的第五十三条规定了有限自然资源开发利用招标、拍卖等特别程序要件，并且，第六节第五十一条规定"实施行政许可的程序，本节有规定的，适用本节规定；本节没有规定的，适用本章其他有关规定"。1998 年《矿产资源开采登记管理办法》第三条、第六条、第八条、第十条、第十一条、第十二条等规定了登记、收取、减免、颁发，第六条、第八条等规定了通知、公告、期限，第十条规定了评估，第十三条规定了招标、投标、评标等程序要件。对于实行"招拍挂"方式许可的，还应全面梳理分析归纳 2003 年《国土资源部关于印发〈探矿权采矿权招标拍卖挂牌管理办法（试行）〉的通知》（国土资发〔2003〕197 号，有效期间为 2003 年 8 月 1 日起至今）所载《探矿权采矿权招标拍卖挂牌管理办法（试行）》所规定的相关程序要件。上述这些程序要件，以及其他

---

① 为节省篇幅，这里不再展开，有关程序要件的分类和含义请参阅夏云峰：《行政执法办案实务：要件、流程与文书》，中国法制出版社 2022 年版。

有关执法规范规定的程序要件，相关执法办案机关应当详细分析归纳，弄清每一要件的含义，梳理清楚相互之间的逻辑关系实现有机融合，在执法办案前形成针对该案的特定执法事项流程，依照流程所指示的执法要件开展执法办案工作。

上述要件本案案情和判决书多未涉及，但在执法办案机关，在执法办案时应根据规定和案情逐一落实。

6. 关于决定要件

2004年《行政许可法》规定了行政许可决定的决定性质、书面决定、决定根据、当场决定与期限内决定、决定的地域效力、决定内容、决定书以及证件、标识的要素等要件。

在决定性质上，本案对申请开采储量规模为中型及以下的银、铅、锌矿产资源事项的审批属典型的"行政机关根据公民、法人或者其他组织的申请，经依法审查，准予其从事特定活动的行为"，即属行政许可。

在书面决定及决定书要素上，1997年《矿产资源法》第十六条明确规定了"颁发采矿许可证"，此即为书面决定，其要素依照1998年《地质矿产部办公厅关于采矿许可证填写有关规定的通知》（地办发〔1998〕26号，有效期间为1998年3月16日起至今）包括许可证名称、证号、采矿权人、地址、矿山名称、经济类型、开采矿种、开采方式、生产规模、矿区范围、矿区面积、有效期限、发证日期、发证机关（专用章）等。

在决定根据上，采招标等公平竞争方式许可的，依2004年

《行政许可法》第五十三条的规定，根据招标等公平竞争结果决定，否则，依《行政许可法》第三十七条的规定，根据审查结果决定。

按照本事项的性质和有关规定，本事项属期限内决定，不能当场决定。

在决定的地域效力上，依 2004 年《行政许可法》第四十一条及有关规定，本事项的许可决定在全国范围内有效。

在决定内容上，为准予特定主体在特定期限内以特定方式开采特定矿区的银、铅、锌矿产资源。

本案案情和判决书对上述决定要件多有涉及，但在决定书要素上描述不完全，对于决定根据案情未描述，判决书指示为"饭某堆矿属于招拍挂出让"，但未明确是"招拍挂"中的哪一种，他们的程序要件不同。无论案情和判决书是否描述上述要件，执法办案机关在办理本事项许可案件中，上述要件都应根据情况逐一落实并记载于案卷之内。

（二）2011 年甲省国土资源厅对饭某堆公司前身"丙区饭某堆北段有色金属矿"延续饭某堆北段有色金属矿采矿许可有效期案要件

2004 年《行政许可法》第五十条规定了准予延续行政许可有效期事项要件，有六个，分别是：

1. 存在合法有效的先行准予行政许可决定。

2. 法律、法规、规章允许延续该先行决定的有效期，或者未作规定。

3. 先行决定的被许可人在先行决定有效期届满三十日前提出延续有效期的申请。法律、法规、规章另有规定的，依照其规定。

4. 向作出先行决定的行政机关提出。

5. 符合先行决定构成要件。

6. 在先行决定有效期届满前作出决定。

具体到本案所涉事项，对于第一个要件，上文已作分析。

对于第二个、第三个、第四个要件，1998 年《矿产资源开采登记管理办法》第七条第一款中规定"采矿许可证有效期满，需要继续采矿的，采矿权人应当在采矿许可证有效期届满的 30 日前，到登记管理机关办理延续登记手续"，此与 2004 年《行政许可法》规定的要件不冲突。

对于第五个要件，是指符合先行许可事项的决定构成要件。一方面，申请延续有效期的行政许可事项必须与先行许可决定的事项是同一个许可事项，是否为同一许可事项，其关键要件为何，则依不同的部门法和许可事项确定，案涉事项开采矿种等要件实质性变更的，应认为是新许可事项。另一方面，决定延续有效期许可事项审查的要件包含两部分，分别是作出延续有效期决定时该许可事项的要件（要与该许可事项作出先行许可决定时的要件比对，考虑要件的增减改），以及依法设定的专门针对该许可延续有效期决定的要件。许可要件的增减改，要特别注意 2004 年《行政许可法》第十七条"除本法第十四条、第十五条规定的外，其他规范性文件一律不得设定行政许可"

和第十八条"设定行政许可，应当规定行政许可的实施机关、条件、程序、期限"的规定，也就是对许可要件的增减改属设定行政许可的范畴，其他规范性文件既不得设定行政许可事项，亦不得对许可事项要件予以增减改。同时，《行政许可法疑难问题解答》①明确"规范性文件可以在上位法设定的行政许可事项范围内，对实施该行政许可作出具体规定"，这里的规定是对既有法定许可要件的阐释，不包括对要件的增减改，法律授权除外。

案涉许可事项本案聚焦的要件之一矿区范围，在案涉事项先行决定的 2005 年之前，即由作为行政法规的 1994 年《矿产资源法实施细则》第五条第二款作出了规定，即"矿产资源勘查工作区范围和开采矿区范围，以经纬度划分的区块为基本单位。具体办法由国务院地质矿产主管部门制定"。依此，2001 年《国务院办公厅转发国土资源部〈关于进一步治理整顿矿产资源管理秩序的意见〉的通知》与 2011 年《国土资源部关于进一步完善采矿权登记管理有关问题的通知》分别作出"不能违法重叠和交叉设置探矿权、采矿权""除同属一个矿业权人的情形外，矿业权在垂直投影范围内原则上不得重叠。涉及和石油、天然气等特定矿种的矿业权重叠的，应当签署互不影响，确保安全生产的协议后，办理采矿许可证"的规定，这两个规定，都属于对法定矿区范围要件作出的具体规定，且有法律授权，

---

① 《行政许可法疑难问题解答》，载中国法院网，https：//www.chinacourt.org/article/detail/2004/06/id/122097.shtml，最后访问时间：2023 年 9 月 9 日。

均属合法规定，但是，2001 年《国务院办公厅转发国土资源部〈关于进一步治理整顿矿产资源管理秩序的意见〉的通知》的上述规定除非有其他规定规限，其所述"重叠和交叉"应依照 1994 年《矿产资源法实施细则》第五条"以经纬度划分的区块为基本单位"的规定的文义作平面重叠交叉解释，2011 年《国土资源部关于进一步完善采矿权登记管理有关问题的通知》上述规定以后，应作立体重叠交叉解释。

对于第六个要件，属执法组织方面的要件，2004 年《行政许可法》虽然规定"逾期未作决定的，视为准予延续"，但从严格执法，依法履行职责角度讲，"行政机关应当根据被许可人的申请，在该行政许可有效期届满前作出是否准予延续的决定"，未在有效期届满前作出是否准予延续决定的，属执法组织违法行为。

具体到本案中，从案情和判决书的描述看，甲省国土厅在 2011 年审查饭某堆公司前身"丙区饭某堆北段有色金属矿"申请延续饭某堆北段有色金属矿采矿许可有效期案件时，基于法律规定和案件事实，应当清晰地认识到该案事实不符合延续有效期决定法定的第一个、第四个、第五个要件，因而应作出不予延续有效期的决定，同时应予以妥善处理（如判决书所指，对非重叠部分独立设立采矿权，组织整合、并购等）。在本案，对乙市国土局先行决定授权，后续自己准予延续有效期决定，甲省国土厅使后端的行政复议和行政审判变得被动，可见，前端的严格规范执法是多么的重要！

三、相关规定

1. 1997 年《矿产资源法》（有效期间为 1997 年 1 月 1 日起至 2009 年 8 月 26 日止）

第三条　矿产资源属于国家所有，由国务院行使国家对矿产资源的所有权。地表或者地下的矿产资源的国家所有权，不因其所依附的土地的所有权或者使用权的不同而改变。

国家保障矿产资源的合理开发利用。禁止任何组织或者个人用任何手段侵占或者破坏矿产资源。各级人民政府必须加强矿产资源的保护工作。

勘查、开采矿产资源，必须依法分别申请、经批准取得探矿权、采矿权，并办理登记；但是，已经依法申请取得采矿权的矿山企业在划定的矿区范围内为本企业的生产而进行的勘查除外。国家保护探矿权和采矿权不受侵犯，保障矿区和勘查作业区的生产秩序、工作秩序不受影响和破坏。

从事矿产资源勘查和开采的，必须符合规定的资质条件。

第四条　国家保障依法设立的矿山企业开采矿产资源的合法权益。

国有矿山企业是开采矿产资源的主体。国家保障国有矿业经济的巩固和发展。

第十五条　设立矿山企业，必须符合国家规定的资质条件，并依照法律和国家有关规定，由审批机关对其矿区范围、矿山设计或者开采方案、生产技术条件、安全措施和环境保护措施等进行审查；审查合格的，方予批准。

第十六条 开采下列矿产资源的，由国务院地质矿产主管部门审批，并颁发采矿许可证：

（一）国家规划矿区和对国民经济具有重要价值的矿区内的矿产资源；

（二）前项规定区域以外可供开采的矿产储量规模在大型以上的矿产资源；

（三）国家规定实行保护性开采的特定矿种；

（四）领海及中国管辖的其他海域的矿产资源；

（五）国务院规定的其他矿产资源。

开采石油、天然气、放射性矿产等特定矿种的，可以由国务院授权的有关主管部门审批，并颁发采矿许可证。

开采第一款、第二款规定以外的矿产资源，其可供开采的矿产的储量规模为中型的，由省、自治区、直辖市人民政府地质矿产主管部门审批和颁发采矿许可证。

开采第一款、第二款和第三款规定以外的矿产资源的管理办法，由省、自治区、直辖市人民代表大会常务委员会依法制定。

依照第三款、第四款的规定审批和颁发采矿许可证的，由省、自治区、直辖市人民政府地质矿产主管部门汇总向国务院地质矿产主管部门备案。

矿产储量规模的大型、中型的划分标准，由国务院矿产储量审批机构规定。

2. 2009年《矿产资源法》（有效期间为2009年8月27日起至今）

第十六条　开采下列矿产资源的，由国务院地质矿产主管部门审批，并颁发采矿许可证：

（一）国家规划矿区和对国民经济具有重要价值的矿区内的矿产资源；

（二）前项规定区域以外可供开采的矿产储量规模在大型以上的矿产资源；

（三）国家规定实行保护性开采的特定矿种；

（四）领海及中国管辖的其他海域的矿产资源；

（五）国务院规定的其他矿产资源。

开采石油、天然气、放射性矿产等特定矿种的，可以由国务院授权的有关主管部门审批，并颁发采矿许可证。

开采第一款、第二款规定以外的矿产资源，其可供开采的矿产的储量规模为中型的，由省、自治区、直辖市人民政府地质矿产主管部门审批和颁发采矿许可证。

开采第一款、第二款和第三款规定以外的矿产资源的管理办法，由省、自治区、直辖市人民代表大会常务委员会依法制定。

依照第三款、第四款的规定审批和颁发采矿许可证的，由省、自治区、直辖市人民政府地质矿产主管部门汇总向国务院地质矿产主管部门备案。

矿产储量规模的大型、中型的划分标准，由国务院矿产储量审批机构规定。

3. 1994 年《中华人民共和国矿产资源法实施细则》（国务院令第 152 号，有效期间为 1994 年 3 月 26 日起至今）

第五条 国家对矿产资源的勘查、开采实行许可证制度。勘查矿产资源，必须依法申请登记，领取勘查许可证，取得探矿权；开采矿产资源，必须依法申请登记，领取采矿许可证，取得采矿权。

矿产资源勘查工作区范围和开采矿区范围，以经纬度划分的区块为基本单位。具体办法由国务院地质矿产主管部门制定。

第七条 国家允许外国的公司、企业和其他经济组织以及个人依照中华人民共和国有关法律、行政法规的规定，在中华人民共和国领域及管辖的其他海域投资勘查、开采矿产资源。

第八条 国务院地质矿产主管部门主管全国矿产资源勘查、开采的监督管理工作。国务院有关主管部门按照国务院规定的职责分工，协助国务院地质矿产主管部门进行矿产资源勘查、开采的监督管理工作。

省、自治区、直辖市人民政府地质矿产主管部门主管本行政区域内矿产资源勘查、开采的监督管理工作。省、自治区、直辖市人民政府有关主管部门，协助同级地质矿产主管部门进行矿产资源勘查、开采的监督管理工作。

设区的市人民政府、自治州人民政府和县级人民政府及其负责管理矿产资源的部门，依法对本级人民政府批准开办的国有矿山企业和本行政区域内的集体所有制矿山企业、私营矿山企业、个体采矿者以及在本行政区域内从事勘查施工的单位和个人进行监督管理，依法保护探矿权人、采矿权人的合法权益。

上级地质矿产主管部门有权对下级地质矿产主管部门违法的或者不适当的矿产资源勘查、开采管理行政行为予以改变或者撤销。

4. 1998 年《矿产资源开采登记管理办法》（国务院令第241 号，有效期间为 1998 年 2 月 12 日起至 2014 年 7 月 28 日止）

第三条　开采下列矿产资源，由国务院地质矿产主管部门审批登记，颁发采矿许可证：

（一）国家规划矿区和对国民经济具有重要价值的矿区内的矿产资源；

（二）领海及中国管辖的其他海域的矿产资源；

（三）外商投资开采的矿产资源；

（四）本办法附录所列的矿产资源。

开采石油、天然气矿产的，经国务院指定的机关审查同意后，由国务院地质矿产主管部门登记，颁发采矿许可证。

开采下列矿产资源，由省、自治区、直辖市人民政府地质矿产主管部门审批登记，颁发采矿许可证：

（一）本条第一款、第二款规定以外的矿产储量规模中型以上的矿产资源；

（二）国务院地质矿产主管部门授权省、自治区、直辖市人民政府地质矿产主管部门审批登记的矿产资源。

开采本条第一款、第二款、第三款规定以外的矿产资源，由县级以上地方人民政府负责地质矿产管理工作的部门，按照省、自治区、直辖市人民代表大会常务委员会制定的管理办法审批登记，颁发采矿许可证。

矿区范围跨县级以上行政区域的，由所涉及行政区域的共同上一级登记管理机关审批登记，颁发采矿许可证。

县级以上地方人民政府负责地质矿产管理工作的部门在审批发证后，应当逐级向上一级人民政府负责地质矿产管理工作的部门备案。

四、法院裁判文书

中华人民共和国最高人民法院
行 政 判 决 书①

（2018）最高法行再6号

再审申请人（一审原告、二审上诉人）：乙市饭某堆矿业有限公司

---

① 参见中国裁判文书网，https：//wenshu.court.gov.cn/website/wenshu/181107A NFZ0BXSK4/index.html？docId=arQ0BuCRnZ/bhd36UeIpMgudSvS/jUhvjo3nJ+j84qAjCDM XXTLyr/UKq3u+IEo4DpXej+Q8dCflKwzxZ3tBA7Sm0W/GDqwlpVGdPfM3nJIdC2Zsj8T70kkg bE3XjQDL，最后访问时间：2023年9月7日。

　　被申请人（一审被告、二审被上诉人）：中华人民共和国国土资源部

　　被申请人（一审第三人、二审被上诉人）：中某兴某矿业有限公司

　　再审申请乙市饭某堆矿业有限公司（以下简称饭某堆公司）诉被申请人中华人民共和国国土资源部（以下简称国土资源部）国土资源行政复议决定一案，北京市第一中级人民法院于2015年7月1日作出（2015）一中行初字第839号行政判决，驳回饭某堆公司的诉讼请求。饭某堆公司不服提起上诉后，北京市高级人民法院于2016年3月2日作出（2015）高行终字第3209号行政判决，驳回上诉，维持一审判决。饭某堆公司仍不服，向本院申请再审。本院于2017年12月28日作出（2016）最高法行申1002号行政裁定，提审本案，并依法组成合议庭，对本案进行了审理，现已审理终结。

　　国土资源部国土资复议〔2014〕455号行政复议决定（以下简称被诉复议决定）主要内容如下：

　　第一，甲省国土资源厅（以下简称甲省国土厅）授权乙市国土资源局（以下简称乙市国土局）颁发本案采矿许可证不符合有关规定。按照《矿产资源开采登记管理办法》、原中华人民共和国地质矿产部《关于授权颁发勘查许可证采矿许可证的规定》（地发〔1998〕48号，以下简称地发〔1998〕48号文件）以及国土资源部《关于规范勘查许可证采矿许可证权限有关问题的通知》（国土资发〔2005〕200号，以下简称国土资发

〔2005〕200号文件）的规定，本案涉及的小规模铅、锌、银等矿种由国务院地质矿产主管部门授权省级国土资源部门审批发证，并且不得再行授权。甲省国土厅根据原甲省地质矿产厅《关于委托审批登记颁发采矿许可证的通知》（甲地行发〔1998〕6号，以下简称甲地行发〔1998〕6号文件）规定，将小规模铅、锌、银等矿种的审批发证权限下放至市级国土资源部门。本案中2006年4310000610×××号《采矿许可证》（以下简称2006年《采矿许可证》）由乙市国土局颁发，甲省国土厅认可该发证行为。甲地行发〔1998〕6号文件和甲省国土厅的该授权行为与上述文件规定不符。第二，本案采矿许可证不符合采矿权审批发证的有关规定。根据有关地质资料，本案红某岭矿、饭某堆矿等存在矿权范围垂直投影重叠，尽管在立体空间上采矿权没有重叠与交叉，但垂直投影重叠已经实质构成了矿产资源管理中的矿业权重叠。根据《国务院办公厅转发国土资源部〈关于进一步治理整顿矿产资源管理秩序的意见〉的通知》（国办发〔2001〕85号，以下简称〔2001〕85号文件）第二条"一个矿山原则上只能审批一个采矿主体。不能违法重叠和交叉设置探矿权、采矿权"的规定，甲省国土厅在2006年3月24日授权乙市国土局向饭某堆公司颁发2006年《采矿许可证》时，中某兴某矿业有限公司（以下简称中某兴某公司）的采矿权已经合法存在，甲省国土厅该发证行为违反了有关矿业权重叠与交叉的禁止性规定。决定：根据上述事实和理由，依据《中华人民共和国行政复议法》（以下简称《行政复议法》）

第二十八条第一款第三项规定，撤销甲省国土厅向饭某堆公司颁发的 C4300002010123230090×××号《采矿许可证》（以下简称 2011 年《采矿许可证》）。

北京市第一中级人民法院审理查明以下事实：

2006 年 1 月 16 日，甲省国土厅向乙市兴某矿业有限公司颁发 4300000620×××号《采矿许可证》，矿山名称为"乙市兴某矿业有限公司红某岭矿"，开采矿种为"锡矿、钨、砷"，有效期限为 2006 年 1 月至 2010 年 1 月。红某岭矿原为国有企业乙市桥口铅锌矿红某岭矿区。2005 年该国有企业改制，通过招拍挂处置矿业权，乙市兴某矿业有限公司竞得该采矿权。2009 年，矿山与中某集团合作，成立中某兴某公司作为经营主体，并于 2010 年在甲省国土厅办理转让和变更（延续）登记手续，采矿权人变更为中某兴某公司。由于锡矿储量达到中型以上，2010 年 11 月和 2011 年 10 月，中某兴某公司在国土资源部办理了采矿许可延续登记手续，证号为 C4300002010013210053×××。经延续，该采矿证的有效期限为 2011 年 10 月 7 日至 2012 年 10 月 7 日，发证日期为 2011 年 12 月 26 日。同时，国土资源部在该采矿许可证上标注："请在本证有效期内解决重叠问题，重叠问题解决后，再申请办理延续登记。否则不再予以延续。"

2006 年 3 月 24 日，乙市国土局颁发 2006 年《采矿许可证》，采矿权人为"丙区饭某堆北段有色金属矿"，矿山名称为"丙区饭某堆北段有色金属矿"，开采矿种为"铅矿、锌、银"，有效期限为 2006 年 3 月至 2011 年 3 月。2010 年 12 月，乙市国土局进行换证，证号变更为 C4300002010123230090×××。2011 年该证到期后，由甲省国土厅办理采矿权延续登记手续，并将开采矿种变更为"锡矿、铅、锌，综合回收钨、银、铜"。同时，由于原矿山企业不具备法人资格，矿山重新登记成立了饭某堆公司作为新的采矿权人，并办理了变更登记手续，证号不变，即 2011 年《采矿许可证》。经延续和变更登记，该采矿许可证的有效期限为 2011 年 9 月 1 日至 2014 年 9 月 1 日。

据地质资料和矿山储量核实，红某岭矿与饭某堆矿存在矿区垂直投影重叠。2010 年起，为了确保矿山安全生产，乙市人民政府和乙市丙区人民政府将红某岭矿区列为重点整合矿区，拟通过资源整合彻底解决矿区矿山设置过密及部分矿区范围垂直投影重叠等问题。2011 年 5 月 16 日，饭某堆公司与中某兴某公司签订承诺书，双方承诺在采矿生产过程中保证做到合法开采、安全生产，不超深越界。

因在采矿许可证有效期内无法解决重叠问题，中某兴某公司于 2012 年 11 月向国土资源部提出行政复议申请，以甲省国土厅授权乙市国土局向饭某堆公司颁发《采矿许可证》违法、甲省国土厅在该公司矿业权坐标范围内重叠、交叉向饭某堆公司设置采矿权侵权、甲省国土厅授权乙市国土局向饭某堆公司颁发《采矿许可证》违反法定程序等为由，请求：撤销甲省国土厅（授权乙市国土局）于 2006 年向饭某堆公司颁发、于 2011 年又经甲省国土厅延续的 2011 年《采矿许可证》的具体行政行为。2012 年 12 月 12 日，国土资源部决定受理中某兴某公司提出的复议申请，并通知饭某堆公司参加行政复议。因认为需要进一步查明有关事实和依据，国土资源部于 2013 年 1 月 30 日中止该案的审理。2014 年 7 月 14 日，国土资源部恢复该案审理，并于同日作出被诉复议决定。饭某堆公司不服，提起本案行政诉讼。

北京市第一中级人民法院一审认为：

一、关于 2006 年采矿许可是否属于 2011 年采矿许可合法性审查要素的问题

从权利来源来看，饭某堆公司最初系通过挂牌出让方式取得饭某堆矿的采矿权。对此，乙市国土局核发 2006 年《采矿许可证》，对该采矿权予以登记。2010 年 12 月，乙市国土局进行换证。2011 年该证到期后，由甲省国土厅办理采矿权延续和变更手续，向饭某堆公司颁发 2011 年《采矿许可证》。由此可知，2011 年《采矿许可证》系由 2006 年《采矿许可证》延续变更而来。虽然两者的发证机关、矿种和生产规模有所区别，但这无法否定两者之间的权利延续关系。从权利内容来看，前者是后者的基础，后者是对前者的延续。前者在有效期届满后，其权利内容会被后者继承与吸收。因此，对甲省国土厅向饭某堆公司颁发 2011 年《采矿许可证》的合法性审查应当包含以下几个要素：一是 2011 年《采矿许可证》记载的采矿权设立的合法性；二是采矿权延续手续的合法性；三是采矿权变更手续的合法性。其中，第一项要素包含许可实施机关、条件、程序和期限等方面内容的审查，这与乙市国土局颁发《采矿许可证》的

合法性审查并无区别。因此，从结果上看，乙市国土局向饭某堆公司颁发2006年《采矿许可证》的合法性，属于甲省国土厅向饭某堆公司颁发2011年《采矿许可证》的合法性审查要素。

二、关于甲省国土厅委托乙市国土局向饭某堆公司颁发《采矿许可证》是否违法的问题

根据《矿产资源开采登记管理办法》第三条第一款规定，2011年《采矿许可证》中记载的"锡矿、铅、锌，综合回收钨、银、铜"等，属于国务院地质矿产主管部门审批发证矿种。同时，根据该办法第三条第三款第二项、地发〔1998〕48号文件第二条、国土资发〔2005〕200号文件第十条、第十一条、第十七条等规定，2011年《采矿许可证》所涉及的矿种属于国土资源部授权省国土资源厅审批发证的范围，而省国土资源厅不得再行授权。本案中，甲省国土厅委托乙市国土局为饭某堆公司颁发采矿许可证违反了上述禁止性规定，该颁证行为违法，作为乙市国土局所颁发的采矿许可证的延续，2011年《采矿许可证》亦存在上述违法问题。

三、关于饭某堆公司与中某兴某公司的采矿权是否存在重叠，是否足以导致涉案采矿许可证被撤销的问题

饭某堆公司与中某兴某公司的采矿权矿区范围在空间上相互独立，但存在垂直投影重叠之情形。对此，〔2001〕85号文件第二条第一项规定，对未按照法定程序和权限颁发的勘查许可证、采矿许可证，向不符合法定条件的申请者颁发的勘查许可证、采矿许可证，违法设置的相互重叠或交叉的勘查许可证、

采矿许可证，都要依法抓紧进行纠正。该吊销的要依法吊销，该注销的要坚决注销，该协调处理的要妥善处理。该文件第二条第四项规定，一个矿山原则上只能审批一个采矿主体。不能违法重叠和交叉设置探矿权、采矿权。由上可知，饭某堆公司与中某兴某公司的采矿权存在矿区范围垂直投影重叠的问题，不符合上述规定的要求，应当依法予以纠正。且从权利产生的时间而言，饭某堆公司的采矿权系出让取得，并于2006年3月24日由乙市国土局颁证；而中某兴某公司的采矿权系转让取得，并于2006年1月16日由甲省国土厅颁证。中某兴某公司的采矿权取得在先，属于在先权利。当饭某堆公司取得的采矿权与中某兴某公司的在先采矿权发生冲突时，国土资源部依据上述规定撤销饭某堆公司的采矿权并无不当。

四、关于中某兴某公司申请行政复议是否超过法定期限、是否符合行政复议受理条件的问题

《行政复议法》第九条规定："公民、法人或者其他组织认为具体行政行为侵犯其合法权益的，可以自知道该具体行政行为之日起六十日内提出行政复议申请；但是法律规定的申请期限超过六十日的除外。因不可抗力或者其他正当理由耽误法定申请期限的，申请期限自障碍消除之日起继续计算。"从本案证据来看，中某兴某公司申请复议时已经超出六十日的复议期限。但鉴于中某兴某公司一直在积极主张权利，一方面，向甲省国土厅反映矿区重叠问题，要求予以解决，当地政府及国土部门也确实在进行协调。另一方面，国土资源部在为中某兴某公司

办理采矿许可证延续时明确指出，需在有效期内解决重叠问题，否则不再予以延续。中某兴某公司出于对当地政府及国土部门的信任，一直等待其协调解决问题。因在有效期内无法协调解决，中某兴某公司无法办理延续手续的情况下，其在合理期限内提出复议申请，并不存在怠于行使权利之情形，应当认为其具有正当理由，国土资源部受理其提出的行政复议申请并无不当。

因此，北京市第一中级人民法院依照《中华人民共和国行政诉讼法》第六十九条之规定，判决驳回饭某堆公司的诉讼请求。饭某堆公司不服一审判决，向北京市高级人民法院提起上诉。

北京市高级人民法院二审审理查明的事实与一审审理查明的事实基本一致。

北京市高级人民法院二审认为：

一、关于行政复议审查对象确定的问题

根据《中华人民共和国行政许可法》（以下简称《行政许可法》）的相关规定，行政许可的行为样态包括行政机关对行政许可的准予、变更、延续、撤回、注销和撤销等，这些行为样态相对独立，均可成为行政复议的审查对象。本案中，中某兴某公司申请行政复议的对象为"甲省国土厅（授权乙市国土局）于2006年向饭某堆公司颁发、于2011年又经甲省国土厅延续的2011年《采矿许可证》的具体行政行为"，国土资源部在被诉复议决定中将中某兴某公司的复议请求归纳为"请求撤销甲省国土厅向饭某堆公司颁发2011年《采矿许可证》的行为"，其作出被诉复议决定的结果是"撤销甲省国土厅向饭某堆公司颁发的 2011 年《采矿许可证》"。因此，本案中被复议审查的对象应为甲省国土厅向饭某堆公司颁发 2011 年《采矿许可证》的行为，从而亦将国土资源部对上述行政许可进行行政复议的行为，作为本案行政审判审理对象。

二、关于行政复议申请期限认定的问题

根据《行政复议法》第九条、《中华人民共和国行政复议法实施条例》（以下简称《复议法实施条例》）第十七条规定，本案中，甲省国土厅颁发 2011 年《采矿许可证》的行为对中某兴某公司的权利、义务可能产生不利影响，但甲省国土厅并未举证证明其已告知中某兴某公司申请行政复议的权利、行政复议机关和行政复议申请期限。由于《行政复议法》和《复议法实施条例》并未明确行政机关未履行《复议法实施条例》第十七条所规定的告知义务情况下行政复议申请期限如何计算，鉴于行政复议在权利救济方面的准司法性质，可以参照当时有效的《最高人民法院关于执行〈中华人民共和国行政诉讼法〉若干问题的解释》第四十一条第一款的规定，将此种情况下申请复议的期限计算问题解释为：从相对人知道或者应当知道复议权利或者复议期限之日起计算，但从知道或者应当知道具体行政行为内容之日起最长不得超过适当的期限。就本案而言，甲省国土厅为饭某堆公司颁发 2011 年《采矿许可证》的日期为 2011 年 9 月 1 日，国土资源部在向中某兴某公司颁发的《采矿许可证》上标注"请在本证有效期内解决重叠问题"的日期为 2011 年 12 月 26 日，2012 年中某兴某公司多次向甲省国土厅提出撤销重叠采矿权的申请。且在此期间相关政府部门组织各方进行整顿整合。因此，中某兴某公司于 2012 年 11 月对 2011 年《采矿许可证》申请行政复议，应认定未超过适当期限，故国土资源部受理中某兴某公司的行政复议申请并无不当。

三、关于 2006 年《采矿许可证》是否存在重大明显违法的问题

结合《最高人民法院关于审理行政许可案件若干问题的规定》第七条规定，行政复议机关在对行政行为进行复议审查时，发现作为被审查行政行为基础的其他行政决定存在明显缺乏事实根据、明显缺乏法律依据、超越职权或者其他重大明显违法情形的，可以据此对被申请审查的行政行为作出相应处理。本案中，甲省国土厅颁发的 2011 年《采矿许可证》，属于对乙市国土局颁发的 2006 年《采矿许可证》的变更、延续。相对于 2011 年采矿许可而言，2006 年采矿许可处于基础行政决定的法律地位。国土资源部在对 2011 年采矿许可进行复议审查时，发现 2006 年采矿许可存在重大明显违法情形，可以对 2011 年采矿许可进行相应处理。本案国土资源部撤销 2011 年采矿许可的理由分别为甲省国土厅授权乙市国土局作出采矿许可违法，以及乙市国土局作出采矿许可违反有关矿业权重叠与交叉的禁止性规定。对此，分别作出认定：

（一）甲省国土厅委托乙市国土局作出采矿许可是否属于重大明显违法

根据《中华人民共和国矿产资源法》等系列规定，本案中

对于饭某堆公司的采矿许可应由甲省国土厅作出，且国务院地质矿产主管部门明确要求不得再行授权。《行政许可法》第二十四条规定："行政机关在其法定职权范围内，依照法律、法规、规章的规定，可以委托其他行政机关实施行政许可。委托机关应当将受委托行政机关和受委托实施行政许可的内容予以公告。委托行政机关对受委托行政机关实施行政许可的行为应当负责监督，并对该行为的后果承担法律责任。受委托行政机关在委托范围内，以委托行政机关名义实施行政许可；不得再委托其他组织或者个人实施行政许可。"本案中，2006年采矿许可作出时无法律、法规、规章规定甲省国土厅可以委托乙市国土局颁发采矿许可证，原甲省地质矿产厅通过制发甲地行发〔1998〕6号文件的形式，将颁发2006年《采矿许可证》的权限委托乙市国土局行使，乙市国土局颁发采矿许可也未以甲省国土厅的名义作出。因此，上述委托行为不符合《行政许可法》的规定。但鉴于2006年《采矿许可证》确系乙市国土局受甲省国土厅委托向饭某堆公司颁发，而甲省国土厅本身具有作出采矿许可的主体资格，且其以颁发2011年《采矿许可证》的行为实际追认了乙市国土局颁发2006年《采矿许可证》的行为。综合上述情况，本案中甲省国土厅委托乙市国土局以后者名义颁发2006年《采矿许可证》并不构成重大明显违法。至于上述委托行为违法问题，可通过其他途径予以责任追究。因此，国土资源部以甲省国土厅委托乙市国土局颁发2006年《采矿许可证》违法作为撤销甲省国土厅颁发2011年《采矿许可证》的理由之一，属于不当。

（二）乙市国土局违反垂直投影重叠禁止性规定颁发《采矿许可证》是否属于重大明显违法

根据国土资源部提交的《红某岭矿区矿权设置平面位置关系图》《红某岭矿区矿权设置剖面位置关系图》，以及饭某堆公司在行政复议程序中提交的《行政复议答辩书》等材料，可以认定本案存在垂直投影部分重叠的情况，被诉复议决定认定重叠的事实清楚。

根据《中华人民共和国矿产资源法实施细则》第五条、《矿产资源开采登记管理办法》第五条第一款、第三十二条第一款的规定，申请采矿许可所指向的矿区范围，应是指立体空间区域。但对于矿区范围之间能否存在垂直投影重叠，2006年《采矿许可证》颁发时的相关法律、法规、规章未予规定。根据〔2001〕85号文件第二条规定，违法设置的相互重叠或交叉的采矿许可证，都要依法抓紧进行纠正。该吊销的要依法吊销，该注销的要坚决注销，该协调处理的要妥善处理；一个矿山原则上只能审批一个采矿主体。不能违法重叠和交叉设置采矿权。上述通知系经国务院办公厅转发的并由国务院地质矿产主管部门制发的规范性文件，下级地质矿产主管行政机关在行政执法中应予执行，其中有关不能违法设置相互重叠的采矿权的规定不与上位法相抵触，且具有矿产行政管理的实际必要性，主管行政机关在颁发采矿许可证时不应违反。本案中，乙市国土局在向饭某堆公司颁发2006年《采矿许可证》时，〔2001〕85号文件已经颁布施行，在垂直投影范围内已存在在先采矿权的情况下，乙市国土局颁发2006年《采矿许可证》的行为违反了该文件中"不能违法重叠设置采矿权"的相关规定。故本案应参照上述规范性文件的规定，认定乙市国土局颁发2006年《采矿许可证》存在重大明显违法。国土资源部以此作为理由之一撤销2011年采矿许可行为，适用法律正确。

四、关于甲省国土厅颁发2011年《采矿许可证》是否存在违法的问题

2011年1月20日，国土资源部制发的《关于进一步完善采矿权登记管理有关问题的通知》（国土资发〔2011〕14号，以下简称〔2011〕14号文件）第十四条明确规定："除同属一个矿业权人的情形外，矿业权在垂直投影范围内原则上不得重叠。涉及和石油、天然气等特定矿种的矿业权重叠的，应当签署互不影响，确保安全生产的协议后，办理采矿许可证。"本案中，甲省国土厅颁发2011年《采矿许可证》的日期为2011年9月1日，应适用上述〔2001〕85号文件和〔2011〕14号文件有关采矿权垂直投影重叠禁止性规定。但在存在垂直投影重叠的情况下，甲省国土厅仍通过颁发2011年《采矿许可证》的形式将2006年《采矿许可证》予以延续和变更，违反了上述规范性文件的规定。需要指出的是，国土资源部并未将甲省国土厅颁发2011年《采矿许可证》存在此项违法情形，在被诉复议决定中直接而明显地予以体现，属于适用法律不全面的情况，应予指正。

五、关于被诉复议决定引用法律条文是否具体的问题

行政机关作出行政行为有对应法律条文可以援引的，应当

写明法律依据及具体条款。本案中，被诉复议决定系适用《行政复议法》第二十八条第一款第三项，该项包括"1. 主要事实不清、证据不足的；2. 适用依据错误的；3. 违反法定程序的；4. 超越或者滥用职权的；5. 具体行政行为明显不当的"5目，但国土资源部并未在被诉复议决定中引用具体的目，存在引用法律条文不具体的情况，对此应予指出，国土资源部应在以后的行政执法中避免出现上述情况。

另，在接到中某兴某公司的行政复议申请后，国土资源部履行了受理、通知、调查取证、中止、作出决定等法定步骤，履行行政复议程序并无不当。

因此，北京市高级人民法院认为国土资源部撤销甲省国土厅向饭某堆公司颁发2011年《采矿许可证》的主要理由成立，主要法律依据充分，遂依照《中华人民共和国行政诉讼法》第八十九条第一款第一项之规定，判决驳回上诉，维持一审判决。

再审申请人饭某堆公司在法定期限内向本院申请再审，请求：1. 撤销一、二审法院判决；2. 撤销被诉复议决定；3. 判令国土资源部依法重新作出行政复议决定；4. 判令由国土资源部承担一、二审诉讼费用。主要理由为：1. 一、二审法院判决认定事实不清，主要证据不足。一、二审法院对审查对象认定严重错误，二审法院表面认定被复议审查对象应为甲省国土厅向饭某堆公司颁发2011年《采矿许可证》的行为，实际上仍然以乙市国土局颁发2006年《采矿许可证》为基础进行合法性审查。一、二审法院在没有明确依据的情形下，仅依据矿区范围存在垂直投影重叠的事实就认定存在违法重叠，明显证据不足。〔2001〕85号文件与〔2011〕14号文件的相关规定均属于原则性规定，对违法重叠的认定，规范性文件本身规定不明确，没有当然的法律效力。相关规定既为原则性规定，即属于自由裁量的范畴，甲省国土厅作为发证机关享有自由裁量权，其基于自由裁量权而作出的发证行为及后来一系列的协调行为，并不存在违反法律规定的情形。被诉复议决定对饭某堆公司和中某兴某公司的采矿权构成垂直投影重叠的事实、程度、影响等未进行认定，没有进行任何分析。2.一、二审法院判决违反法定程序、适用法律错误。一、二审法院超越权限违法裁判，将本应由国土资源部在行政复议中作出的决定直接在判决中作出，违反法律规定，将中某兴某公司自主选择放弃申请复议的行为视为超过复议申请期限的正当理由，属适用法律错误。3.一、二审法院违反客观公正原则，影响公正审判。二审法院在明知被诉复议决定引用法律不全面的情况下，不仅仍然认定被诉复议决定合法，还在判决书中提到"国土资源部……存在引用法律条文不具体的情况，对此本院应予指出，国土资源部应在以后的行政执法中避免出现上述情况"等内容，明显偏向国土资源部。4.被诉复议决定无视行政相对人的信赖利益，严重损害了再审申请人的合法权益。

被申请人国土资源部向本院提出意见，请求驳回饭某堆公司的再审申请。主要理由为：1.乙市国土局2006年许可行为违反有关矿产资源颁证权限的相关规定，属越权执法行为。2.乙市国土局 2006 年许可行为、甲省国土厅 2011 年许可行为，均违反了垂直投影重叠的禁止性规定，属重大明显违法的行政行为，依法应予撤销。3. 中某兴某公司申请行政复议没有超过法定期限，甲省国土厅于 2011 年 9 月 1 日作出行政许可行为，中某兴某公司于 2012 年 11 月申请行政复议，且中某兴某公司在行政许可作出后，曾多次提出要求撤销重叠的采矿权申请，相关政府部门也组织多方进行整合协调，因而中某兴某公司不存在怠于行使复议申请权的情形。

被申请人中某兴某公司向本院提出意见，请求驳回饭某堆公司的再审申请。主要理由为：1. 被诉复议决定及一、二审法院判决认定事实清楚、证据确实充分、审查对象正确。作为涉案采矿许可证取得基础的拍卖行为违法，采矿权设置违法重叠，拍卖标的依法不具有可处分性。违法重叠，既包括立体空间重叠，也包括垂直投影重叠，采矿权重叠将明显对矿山生产安全造成隐患。乙市国土局 2006 年许可行为不仅程序违法，而且实体违法，但鉴于该行为已被甲省国土厅 2011 年行政许可行为所替代，可以不予撤销。甲省国土厅 2011 年行政许可是对乙市国土局 2006 年行政许可的延续和变更，其没有纠正违法重叠设置的采矿权，同样构成违法，依法应予撤销。2. 中某兴某公司申请行政复议没有超过法定期限，符合法定申请条件，国土资源部受理中某兴某公司的行政复议申请符合法律规定。

本院对一、二审法院审理查明的事实依法予以确认。

本院另查明：2016 年 10 月 26 日，乙市人民政府给国土资源部《关于支持乙市丙区红某岭矿区资源整合工作的请示》（乙政〔2016〕71号）载明："90年代中后期，乙市丙区红某岭等矿区因乡镇、村多头发包，多头管理，乱采乱挖严重，非法矿点达255个。2001年起，丙区政府开展了红某岭等矿区的矿业秩序整治工作。截至2003年，有色金属矿点由原来的255个整治保留到56个，由于这些矿山基本上未办理采矿登记或延续登记手续，未取得合法采矿权或者合法采矿权已废止，引发多人向中央、省、市有关部门上访。为逐步化解历史遗留问题，丙区政府编制了《乙市丙区有色矿遗留问题矿山矿产资源开发利用专项规划》，明确红某岭矿属于国有矿山企业予以保留，饭某堆矿和白沙垄矿虽然与红某岭矿存在部分垂直投影重叠，但有各自独立的空间范围，经区政府组织有关主管部门及红某岭矿等协调，同意将这2个矿山作为新设采矿权公开挂牌出让。该专项规划于2005年11月获甲省国土厅批复（甲国土资办函〔2005〕138号）。"

本院组织各方当事人勘验现场后还查明：根据相关政府部门要求，饭某堆公司和中某兴某公司的涉案矿区至今仍处于停止生产状态。

本院审理期间，曾多次组织各方当事人并邀请甲省国土厅、乙市人民政府、前期曾经签订整合并购协议的相关公司参与协调整合事宜，但因故协调未果。

本院认为：本案审查的标的是被诉行政复议决定是否合法。结合被诉复议决定、一、二审法院判决以及各方当事人在再审期间的诉辩意见，本院对被诉复议决定是否合法、一、二审法院判决是否正确，从以下五个方面分述之：

一、关于国土资源部受理中某兴某公司行政复议申请是否合法的问题

国家对矿产资源的开采利用实行许可证制度，并实行采矿权有偿取得的矿产资源产权制度。根据《矿产资源开采登记管理办法》第六条、第十三条之规定，通常情况下，采矿权的设立和取得，是行政机关与相对人多阶段、多步骤多个行为共同作用的结果：地质矿产行政主管部门确定采矿权类型与矿区范围，发布招标公告并根据择优原则确定中标人，中标人缴纳采矿权出让费用并签订出让合同，中标人取得相关行政机关的相关联行政许可，并取得相应年限的采矿许可证。其中，采矿许可证是地质矿产行政主管部门代表国家向采矿权申请人颁发的、授予采矿权申请人行使开采矿产资源权利的法律凭证，但并非唯一的法律文件。采矿权人开采矿产资源权利的取得，虽以有权机关颁发采矿许可证为标志，但采矿权出让合同依法生效后即使未取得采矿许可证，也仅表明受让人暂时无权进行开采作业，除此之外的其他占有性权利仍应依法予以保障。同样，采矿许可证规定的期限届满，仅仅表明采矿权人在未经延续前不得继续开采相应矿产资源，采矿权人其他依法可以独立行使的权利仍然有效。《矿产资源开采登记管理办法》第七条第二款规定："采矿权人逾期不办理延续登记手续的，采矿许可证自行废止。"该条规定的"自行废止"，不能理解为所有矿产资源产权

权益一并丧失。而且，本案中某兴某公司在采矿许可证到期之前已经提出延续登记手续，仅仅是因为重叠问题未解决，采矿许可证暂未得到延续，并不具备采矿许可证自行废止的条件，也不影响其基于采矿权出让合同等已经取得的矿产资源权利，更不应以采矿许可证事后未得到延续的事实，来否定其与在先的采矿许可行为的利害关系。因此，虽然中某兴某公司采矿许可证在 2012 年 10 月 7 日期限届满后未得到延续，但基于中某兴某公司已经取得的矿产资源等权益，其与甲省国土厅 2011 年的许可行为，仍具有法律上的利害关系，有权以自己的名义申请行政复议。由于饭某堆公司、中某兴某公司双方客观存在采矿许可证范围垂直投影重叠问题，国土资源部、甲省国土厅、当地政府及职能部门等多次举行专题协调会推进整合事宜；国土资源部 2011 年 12 月 26 日向中某兴某公司颁发的《采矿许可证》也明确标注："请在本证有效期内解决重叠问题，重叠问题解决后，再申请办理延续登记。否则不再予以延续。"因此，中某兴某公司基于等待当地政府和国土资源部门推动整合等考虑，于 2012 年 11 月申请行政复议，即使存在申请超过法定期限情形，也应当认为属于有"正当理由"。因此，一、二审法院结合全案情况，对国土资源部依法受理中某兴某公司的行政复议申请予以支持，有法律依据。

二、关于 2006 年行政许可行为违法是否必然影响 2011 年行政许可行为合法性的问题

本院注意到中某兴某公司提交的行政复议申请曾对 2006 年

《采矿许可证》合法性提出质疑，但被诉复议决定并未将该许可行为的合法性直接作为审查标的，一、二审法院亦仅将国土资源部对颁发 2011 年《采矿许可证》复议的行为作为本案审理对象。但是，不论是被诉复议决定还是一、二审法院判决，在对 2011 年采矿许可的合法性作出否定性评价时，又均将 2006 年采矿许可的违法性作为主要理由之一。因此，对行政复议决定合法性的审查，仍需全面考虑前后两次行政许可的合法性问题。具体而言，甲省国土厅 2011 年行政许可，系对乙市国土局 2006 年行政许可的承继和延续，因而对 2011 年行政许可的合法性审查，也必然会涉及对 2006 年行政许可甚至采矿权设立行为、拍卖出让行为的合法性评价。但是，不能认为只要 2006 年行政许可存在合法性问题，就必然影响 2011 年行政许可的合法性；而且对 2006 年行政许可合法性的审查与对 2011 年行政许可合法性的审查，其审查标准应当有所不同。一方面，2006 年行政许可已经超过了法定申请行政复议和提起行政诉讼的期限，具有不可争力。因而，不能认为只要 2006 年行政许可存在违法性问题，就必然要对 2011 年行政许可的合法性作出否定性评价；只有在 2006 年行政许可存在重大明显违法或者存在显而易见的违法且无法补正的情况下，才可能直接影响到 2011 年行政许可的合法性。另一方面，不论是行政许可机关、行政复议机关还是人民法院，对首次许可与延续许可行为合法性的判断标准与审查重点均应有所不同。对许可期限届满的行政许可，许可机关在延续时，既会考虑原许可的适法性问题，也必然会考虑法律规范的变化对是否延续的影响，甚至会考虑基于公共利益需要是否能够延续的问题。但显然，行政系统作出首次许可、许可延续以及撤销许可时，裁量幅度应当有所不同。首次许可时，许可机关可以依法裁量不予许可；但是否延续许可的裁量和判断，则应受首次许可的约束，兼顾信赖利益保护问题。即使首次许可存在瑕疵或者违法，许可机关仍应审慎行使不予延续职权。同理，行政复议机关或者人民法院对许可机关裁量权进行审查时，亦应秉持谦抑原则，尊重许可机关对自身裁量权的限缩，除非这种限缩性裁量明显不合理或者违背了立法目的，抑或构成滥用裁量权。本案中，国土资源管理部门 2006 年可以裁量不设定矿区范围垂直投影重叠的采矿权，也可以不颁发相应的采矿许可证，但其一旦实施了首次许可，那么在其后的延续许可，以致行政复议机关、人民法院对延续许可合法性进行审查时，则既要考虑首次许可的适法性，也要考虑维持许可是否必然损害公共利益，以及是否有必要的措施防范可能的不利影响并保障被许可人的信赖利益等问题。因此，不能简单地以首次许可存在适法性问题，即否定许可延续行为的合法性。易言之，在审查许可延续行为的合法性时，只有首次许可具有重大明显违法或者存在显而易见的违法且无法补正情形的，复议机关才可以撤销延续许可。具体到本案，乙市国土局 2006 年许可行为，系根据甲地行发〔1998〕6 号文件进行。该通知授权市级国土资源部门以自己名义而非以甲省国土厅的名义审批并颁发采矿许可证，虽违反地发〔1998〕48 号文件和国土资发

〔2005〕200号文件中有关应当由省级国土资源部门审批发证并不得再行授权的规定，但甲省国土厅将审批发证权限违法下放至市级国土资源部门的法律责任，不应全部由饭某堆公司承担。饭某堆公司持有的2006年《采矿许可证》，系通过采矿权公开挂牌拍卖出让、签订采矿权出让合同、缴纳采矿权价款、办理相关行政许可手续等法定程序依法取得，其合法的矿产资源权益应当受到法律保护。尤为重要的是，乙市国土局颁发的2006年《采矿许可证》于2011年到期后，延续许可的审批主体已经由乙市国土局变更为甲省国土厅，并由甲省国土厅以自己的名义颁发了2011年《采矿许可证》。因此，2006年许可行为存在的越权情形，已经得到2011年许可行为的治愈，其越权颁证的后果已经消除，并不构成违法性继承问题。中某兴某公司有关2011年《采矿许可证》系从2006年《采矿许可证》发展而来，2006年颁证越权违法，2011年颁证亦属违法的主张，不能成立；被诉复议决定将此作为撤销甲省国土厅颁发2011年《采矿许可证》的理由，亦不能成立。二审法院认定被诉复议决定将此作为撤销2011年采矿许可的理由不当，符合法律规定，本院予以支持。

三、关于采矿权矿区范围垂直投影能否重叠的问题

正如一、二审法院查明，对于能否重叠问题，现行法律、法规、规章并无明确规定；对于何为重叠，也缺少明确的认定方法和处理程序。一般认为，采矿权矿区范围垂直投影重叠，是指两个分别处于上、下位置的采矿权矿区范围，虽然不发生

物理交叉，但垂直投影后在平面上形成重叠。由于可供开采的矿产资源分布于地表上下，不同种类矿藏可能在不同深度的垂直空间分层分布，采矿权矿区范围垂直投影重叠也就难以完全避免。国土资源部复议决定撤销2011年《采矿许可证》所援引的最主要的依据为〔2001〕85号文件，但该文也仅规定"一个矿山原则上只能审批一个采矿主体。不能违法重叠和交叉设置探矿权、采矿权"。该文件既未对何为"一个矿山"予以明确，也未对何为"重叠"作出界定，更未明确违法重叠设置矿业权的法律责任。国土资源部在其后的答辩中虽又补充提供〔2011〕14号文件作为不得重叠的依据，但该文件中也仅规定"除同属一个矿业权人的情形外，矿业权在垂直投影范围内原则上不得重叠"。上述文件规定，符合矿业管理实际需要，且不违反上位法规定，国土资源管理部门在设定采矿权、划定矿区范围和颁发采矿许可证时应当执行。但上述规定的目的，并非在于绝对不能设立重叠的采矿权，而是在于强调设定和出让重叠的采矿权时，应当采取适当措施，确保采矿权由同一采矿权人取得，以便于安全生产并统筹开采时序。〔2001〕85号文件与〔2011〕14号文件，均未规定重叠设置的采矿权只能予以撤销，且均强调对因历史原因形成重叠且采矿权人不同一时，应当逐步妥善处理。而如果进一步考察矿产资源的共生和伴生过程，以及不同类型的矿产资源可能分别蕴藏于不同的垂直分层这一地质现象，如果简单强调在同一矿区范围已经存在采矿权的情况下，不考虑矿产资源种类和开采工艺的差别，对垂直投影重叠的其他采矿权一律不予设置，或者要一律撤销已经设立的重叠的采矿权，既不利于推进有限矿产资源的全面节约与循环高效利用，也与国土资源部既有规定不相一致。《国土资源部关于矿产资源勘查登记、开采登记有关规定的通知》（国土资发〔1998〕7号）附件二《矿产资源开采登记有关规定》第一条规定："（三）划定矿区范围……审批机关在划定矿区范围时，应依据以下原则确定……4. 保护已有探矿权、采矿权人利益。申请人申请划定的矿区范围，其地面投影或地表塌陷区与已设立探矿权、采矿权的区块范围、矿区范围重叠或有其他影响的，采矿登记管理机关在审批矿区范围时应以不影响已有的探矿权人或采矿权人权益为原则。采矿权申请人应与已有的探矿权人或采矿权人就可能造成对探矿权或采矿权影响的诸方面签有协议。探矿权人或采矿权人同意开采的，采矿登记管理机关可划定矿区范围；探矿权人或采矿权人认为有影响且出具充分证明的，采矿登记管理机关可以组织技术论证。论证结果确有影响且无法进行技术处理的，不予划定矿区范围。"此规定说明，在同一立体空间依法可以存在两个采矿权（或探矿权），在不影响已有采矿权、已有采矿权人同意开采的情况下，采矿登记管理机关审核后，可以依法划定重叠的矿区范围。此即说明现行立法并未完全禁止设立区分矿业权或者重叠矿业权。总之，基于特定的矿藏以及不同开采工艺水平限制等因素考虑，强调在特定历史时期，垂直投影重叠的采矿权原则上由同一个矿业权人拥有，有其积极意义，应当得到支持。而在现行法律、法规并未禁止设立垂直投影重叠的采矿权的情形下，国土资源管理部门对因历史原因已经设立的部分重叠的采矿权，则应在不影响安全生产和环境保护且更有利于不同种类矿产资源全面节约利用的前提下，综合衡量矿产资源形成状态和地质条件，尊重不同矿业权人的不同开采意向、开采能力与开采工艺以及矿藏的开发规律等因素，区别进行处理。

四、关于重叠采矿许可证的处理与撤销的条件问题

现行法律、法规、规章以及被诉复议决定所引用的相关规范性文件，对类似于本案因历史原因形成的重叠的采矿权撤销程序、步骤、方法及具体情形均无具体规定。〔2001〕85号文件对于违法设置的相互重叠或者交叉的采矿许可，要求依法抓紧进行纠正，而纠正的方式包括"该吊销的要依法吊销，该注销的要坚决注销，该协调处理的要妥善处理"。实践中，解决重叠有多种方式，包括将不同采矿权主体推动整合为同一采矿权主体、调整并缩小采矿许可证范围以解决重叠问题、在不同采矿权主体间建立开采协调机制、区分矿产资源开发时序且在确保安全生产的前提下签订承诺协议、撤销一方采矿许可并通过补偿或者赔偿等方式弥补损失等。据此，对因采矿权主体不同一且采矿权重叠之情形，处理方式是多重的且可以综合运用，撤销重叠的采矿许可仅为其中一种处理方式。

本案存在部分重叠属实，而能否仅凭部分重叠即撤销采矿权人已经依法取得的采矿许可，则应全面、客观、历史地看待。由于历史和管理水平等原因，涉案乙市丙区红某岭矿区存在区、

乡镇和村多头发包、矿业秩序混乱的现实问题，国务院《关于全面整顿和规范矿产资源开发秩序的通知》（国发〔2005〕28号）下发后，经对原来的持证矿山和发包矿山实行停产整顿，甲省国土厅又于2005年11月25日下发《关于乙市丙区遗留问题矿山专项规划的批复》（甲国土资办函〔2005〕138号）。根据有关专项规划，中某兴某公司采矿权（原红某岭矿）属于保留矿山招标出让，饭某堆矿属于招拍挂出让。根据双方的《采矿许可证》记载，位于上方的饭某堆公司开采铅锌银矿，位于下方的中某兴某公司开采锡钨砷矿。在立体上，两矿没有重叠与交叉，饭某堆矿开采标高为790米至1200米，中某兴某矿开采标高为760米至370米，两矿之间安全隔离层30米。双方均取得了甲省安全生产监督管理局颁发的《安全生产许可证》，且双方也曾就安全生产等问题于2011年签订有关承诺书。

同时，各方当事人对重叠的比例及计算方法存有不同意见。即使按国土资源部在作出复议决定后答辩主张的垂直投影部分重叠面积占57%，饭某堆公司2011年《采矿许可证》仍有43%面积不构成重叠。被诉复议决定既未认定重叠的比例和计算方法，也未认定现有重叠是否存在影响安全生产等情形，又未征求安全生产等行政主管部门意见或者专业机构鉴定意见，即简单以构成重叠为由作出撤销决定，未能全面认定事实，属于认定事实不清。

五、关于被诉复议决定说明理由义务问题

国务院《全面推进依法行政实施纲要》规定，行政机关行使自由裁量权的，应当在行政决定中说明理由。行政复议决定是复议机关居中行使准司法权进行的裁决，且行使着上级行政机关专业判断权，人民法院对行政复议决定判断与裁量及理由说明，应当给予充分尊重。与此相对应，行政复议决定和复议卷宗也应当依法说明理由，以此表明复议机关已经全面客观地查清了事实，综合衡量了与案情相关的全部因素，而非轻率或者武断地作出决定。因为只有借助书面决定和卷宗记载的理由说明，人民法院才能知晓决定考虑了哪些相关因素以及是否考虑了不相关因素，才能有效地审查和评价决定的合法性。不说明裁量过程和没有充分说明理由的决定，既不能说服行政相对人，也难以有效控制行政裁量权，还会给嗣后司法审查带来障碍。

对本案而言，颁发采矿许可证属于典型的许可类授益性行政行为，撤销采矿许可必须考虑被许可人的信赖利益保护，衡量撤销许可对国家、他人和权利人造成的利益损失大小问题。确需撤销的，还应当坚持比例原则，衡量全部撤销与部分撤销的关系问题。同时，被复议撤销的 2011 年《采矿许可证》有效期限自 2011 年至 2014 年 9 月；国土资源部 2014 年 7 月 14 日作出被诉复议决定时，该《采矿许可证》的有效期已经临近届满。在许可期限即将届满，双方均已经因整合需要停产且不存在安全生产问题的情况下，被诉复议决定也未能说明撤销的紧迫性和必要性，反而使饭某堆公司在可能的整合中处于明显不利地位，加大整合并购的难度。

坚持依法行政和有错必纠是法治的基本要求，但法治并不要求硬性地、概无例外地撤销已经存续的、存在瑕疵甚至是违法情形的行政行为，而是要求根据不同情况作出不同处理。《行政复议法》第二十八条第一款第三项规定，复议机关对违法的行政行为，可以作出撤销、变更或者确认违法等行政复议决定。因此，复议机关应当审慎选择适用复议决定的种类，权衡撤销对法秩序的维护与撤销对权利人合法权益造成损害的程度以及采取补救措施的成本等诸相关因素；认为撤销存在不符合公共利益等情形时，可以决定不予撤销而选择确认违法等复议结果；确需撤销的，还需指明因撤销许可而给被许可人造成的损失如何给予以及给予何种程度的补偿或者赔偿问题。如此，方能构成一个合法的撤销决定。在对案涉采矿权重叠问题有多种处理方式以及可能存在多种复议结论的情况下，国土资源部选择作出撤销决定，更应充分说明理由。但是，从复议机关所提供的证据与全案卷宗情况来看，被诉复议决定并未体现相应的衡量因素，也未进行充分说理，仅简单以构成重叠即作出撤销决定，难以得到人民法院支持。人民法院认为复议机关所提供的证据材料不能满足司法审查需要，复议机关未完全履行说明理由义务的，可以要求复议机关重新调查处理，并提供可以进行审查的证据、依据以及相应的理由说明。

同时，被诉复议决定援引《行政复议法》第二十八条第一款第三项作为法律依据时，未明确具体适用该项五种违法情形的具体类型，更未阐明具体理由，给当事人依法维权和人民法院合法性审查造成障碍，构成适用法律不当。

综上，中某兴某公司在申请行政复议时，虽然其《采矿许可证》开采期限已经届满，但仍然拥有除开采矿产资源外的其他合法权益，具备行政复议申请人资格；国土资源部受理中某兴某公司的行政复议申请，符合《行政复议法》有关行政复议受理条件规定。甲省国土厅委托乙市国土局颁发 2006 年《采矿许可证》的行为虽然存在瑕疵，但该瑕疵已经因为 2011 年甲省国土厅以自己的名义颁证而得到纠正和治愈，被诉复议决定以 2006 年颁证行为违法作为撤销 2011 年颁证行为的理由不能成立。饭某堆公司 2011 年《采矿许可证》与中某兴某公司相应《采矿许可证》载明的矿区范围存在部分垂直投影重叠情形属实，但被诉复议决定未全面查清案件事实与重叠情形，在对重叠问题有多种处理方式、有多种复议决定结论可供选择的情况下，未履行充分说明理由义务，也未能提供有关撤销的必要性和紧迫性的相应证据，径行撤销 2011 年采矿许可，且援引法律规范不明确不具体，依法应予纠正。一、二审法院支持行政复议决定的裁判结果不当，亦应一并予以纠正。

当然，国土资源部在重新作出复议决定时，如经相应专业机构认定饭某堆公司与中某兴某公司的《采矿许可证》矿区范围和各自的开采工艺存在确属不能重叠的情形，或者饭某堆公司非重叠部分不能独立设立采矿权，或者重叠部分已经影响到中某兴某公司的安全生产且无法通过采取其他防范措施的方法予以解决，又无法通过整合、并购等方式实现采矿权主体同一的，国土资源部仍可依据所查明事实和相应鉴定意见，在衡量全案各种因素和处理结果且充分说明理由的情况下，正确援引法律规范，依法作出撤销行政许可的复议决定；饭某堆公司对其合法产权受到的损失则可依法申请国家赔偿。

综上，依照《中华人民共和国行政诉讼法》第八十九条第一款第二项、《最高人民法院关于适用〈中华人民共和国行政诉讼法〉的解释》第一百一十九条第一款、第一百二十二条之规定，判决如下：

一、撤销北京市高级人民法院（2015）高行终字第3209号行政判决和北京市第一中级人民法院（2015）一中行初字第839号行政判决；

二、撤销中华人民共和国国土资源部国土资复议〔2014〕455号行政复议决定；

三、责令中华人民共和国国土资源部重新作出行政复议决定。

一、二审案件受理费共计100元，由被申请人中华人民共和国国土资源部负担。

本判决为终审判决。

第六章　行政执法裁量基准制定的
一般构成要件方法

2022 年 7 月 29 日，国务院办公厅印发《关于进一步规范行政裁量权基准制定和管理工作的意见》（国办发〔2022〕27 号，有效期间为 2022 年 7 月 29 日起至今，以下简称《意见》），对行政裁量权基准的含义和规范行政裁量权基准制定管理的意义予以明确，就建立健全行政裁量权基准制度，规范行使行政裁量权工作提出了总体要求，明确了行政裁量权基准制定职责权限、规定内容、制定程序，要求加强行政裁量权基准管理，加大实施保障力度。《意见》是今后一个时期行政裁量权基准工作的指导性文件。

行政裁量权基准在执法实践中，通常被称为行政执法裁量基准，其是行政执法裁量基准制度的主干。行政执法裁量基准作为重要执法实务，多年来备受理论界、实务界关注，但是，由于行政法学理论缺少如行政执法学理论那样的执法要件分析框架，也由于法条和执法事项庞杂难以概括提炼，裁量基准制定过于复杂、专业，学界对其制定方法鲜有讨论，而制定方法恰恰是保证裁量基准依法依理、科学有效、易懂易用最重要的方面。为此，本文抛砖引玉，从行政执法学一般构成要件理论出发，探讨裁量基准制定的实务方法，以期引起大家对裁量基准制定方法研究的重视，以期在规范裁量基准制定方面提供方法支持。

一、关于裁量基准的基本认识

结合《意见》要求、实践经验、理论成果，对裁量基准有以下基本认识。

第一，裁量基准针对的是以法律、法规、规章为表现形式的法律规范，不针对事实状态，也不针对法律原则。行政执法学理论认为，作为执法依据的法律、法规、规章，与作为认定事实的执法根据都是执法要件，但是所指不同，前者指向规范，后者指向事实，前者指向抽象，后者指向具体。作为细化、量化法律、法规、规章结果的裁量基准，仍然属于抽象规范，仍然是一种对事实状态的"规定"，而不是对事实的"裁量"。对事实不能裁量，只能由具体的执法人员在具体的执法办案中，对具体的要件事实作出"有"和"是"的认定。因此，执法经验在裁量基准制定中的作用有限，弄清立法意图、明晰规范意指才是关键所在。同时，裁量基准针对的是法律、法规、规章中的法律规范，而不是法律原则。要区分原则性规定和法律原则，法律原则都有弹性，但是，不能作为裁量基准事先细化、量化的对象。因为如果法律原则能够事先细化、量化，在立法时就应当进行细化、量化，而能够细化、量化的"法律原则"，就不能再称之为"法律原则"。

第二，裁量基准是对法律、法规、规章的细化、量化，不是法律解释，但属于行政执法解释。法律解释是指对法律文本的理解和说明，因为法律原则和法律规范都可以分解为法律概念，在实质上，法律解释就是对法律概念的内涵外延，以及法律概念之间的关系进行理解和说明，这与裁量基准是两个不同的问题。细化、量化法律规范形成裁量基准，虽然以理解法律概念为必要，但并不对法律概念内涵外延以及法律概念之间的关系予以说明。裁量基准细化、量化法律规范的目的，是规范执法裁量权行使，而不是如法律解释那样，是为了弄清法律文本含义。

行政执法学理论认为，行政执法解释是行政执法的性质，是对包括作为执法依据的法律、法规、规章在内的执法各要件的解释，解释方法是构成要件方法。在解释针对执法组织权力行使法律规范上，将规范构成要件分解为执法组织要件、执法依据要件、执法根据要件、执法证据要件、执法理由等程序要件，将法律规范的法律后果规定为执法决定要件，在执法办案的意义上，这六个要件都是构成特定执法案件的构成要件，而以决定要件为中心，则其他五个要件都是决定的构成要件。在解释针对相对人行为的法律规范上，将规范构成要件分解为行为时间、行为地点、行为主体、行为意识、实行行为、行为对象、行为结果、因果关系等要件（均属决定构成要件），这些要件对应上述执法依据、根据、证据要件，可视为对三者的共同分类，法律规范的法律后果对应执法决定要件。

以行政执法学构成要件方法解释法律，实际是将立法之法转变为执法之法，以执法办案或者说执法案件的角度解释法律，这个角度转换对执法办案实务极端重要，不完成这个转换，执法办案难以符合法律，法律也难以有效执行。同时，只有在执法办案构成要件视角下，才能真切地看到特定立法之法的不足，推进立法质量的提高。将执法事项要件化，将执法行为案件化，并以要件体系关联，是切实提高执法质量的关键内在措施。

上面的道理同样适用于裁量基准的制定和执行。裁量基准无论是法律形式，还是行政规范性文件形式，都是制定抽象规范的活动，都以最终有效执行为目的，不从执法办案构成要件角度考虑裁量基准的制定，制定出的裁量基准就会被滥用，甚至被弃用，因为其难用，甚至无用。比如，我们仅从立法之法角度确定裁量因素，将每个裁量条款都予以多阶划档，到执法办案执行裁量基准时，就可能面对一个案件，数个裁量因素、数个裁量阶次，这些裁量因素、阶次又有交叉综合（程序法与实体法之间），会使执法人员无所适从。从执法办案构成要件角度考虑裁量基准的制定，就可以预先避免这种以及类似的问题，而仅从"立法"角度考虑，则难以避免。可以说，构成要件方法是看待和解决包括裁量基准制定在内的各种执法问题的根本方法，以构成要件看待和分析包括作为执法依据的法律等执法问题，才可能是清楚明白的。

第三，裁量基准是对法律、法规、规章规定的幅度裁量空间的适当限缩而不是限定，对种类裁量空间是限定而不是限缩。

法律规定了裁量幅度条款，就说明该条款表示的法律规范不可限定，如果该法律规范可以限定，在立法时就必须限定，这是立法者的道德义务。既然幅度裁量条款不可限定，针对该类裁量条款细化、量化的裁量基准，同样不可限定，这也符合第一点所述裁量基准的抽象性质。行政执法学理论认为，所有执法规范基于抽象的意义，都是不确定或者说不可限定的，只有在实际的执法办案过程中，每一个由执法规范规定的执法要件，才能够被真正的确定或者说限定，这里不仅包括执法规范中的不确定的法律概念，也包括确定法律概念。因此，在对幅度裁量规范进行细化、量化时，不能严格的划定某一裁量因素，或者某几个裁量因素必然对应某一确定法律后果，除特殊的已由法律、法规、规章规定的金额计算方法、标准、数额外，不能由裁量基准直接规定金额数额，或者规定的金额数额的计算方法和标准可不经执法办案就能得出具体金额数额，只能对金额数额的区间作出规定。即使法律、法规、规章规定了金额计算方法、标准、数额，也是在执法办案中，结合执法根据才能确定具体金额数额。而对种类裁量条款细化、量化正与幅度裁量条款相反，其目的是通过裁量基准确定特定种类的选择。

第四，裁量基准是公开的执法尺度标准，要便于执法人员使用，便于相对人理解。法律的生命力在于实施，作为执法技术规范的裁量基准，其第一要义是便于使用理解，便于执行实施，便于在执法办案中由执法人员向相对人解释。行政执法学理论认为，行政执法不仅具有法律性，还具有行政性、社会性、具体性，并以此为根据，确定了行政执法的依法执法、绩效执法、简明执法原则，这就决定了作为执法依据的裁量基准，必须易懂易用，在确当与好用之间平衡，不能单纯地强调法律性，不宜过多载入裁量因素，过多划分裁量档次，特别是经综合形成的裁量基准，尤其需要注意裁量要件、裁量因素、裁量档次的数量控制。比如，行政处罚法、行政许可法、行政强制法规定了大量的与实体法勾连的裁量条款，细化这些裁量条款，并与相应实体法综合形成的裁量基准，就须注意上述问题。单纯追求法律性，把裁量基准制定得异常复杂，看起来很精致，实质上难以被有效执行。

第五，裁量基准在法律上指向法律规范，在执法上指向执法事项。行政执法学理论认为，一个法律规范，对应一个执法事项。执法事项是"纸上"的执法办案，执法办案是实践上的执法事项，两者是对应关系。为了便于执法办案，各执法组织已经将执法事项以权责清单事项的形式进行了梳理、确定、公布，即可以执法事项为根据，将法律规范裁量基准更进一步地转化为执法事项裁量基准。由于对同一执法事项可以由不同法律规范加以规定，如以法律规范为根据制定裁量基准，会出现同一执法事项裁量基准交叉、重复，甚至是冲突状况，在执法办案时就会出现理解、执行困难等问题。而以执法事项为根据制定裁量基准，就可以预先考虑、处理、避免这类问题，当然，这对制定裁量基准的水准要求也会比较高。

二、裁量基准制定构成要件方法

采用构成要件方法制定裁量基准，是为了便于执行，从执行的角度确定制定方法，是一种根本的方法。以"立法"的方式制定裁量基准简单，但制定出的裁量基准执行起来就会遇到问题。

在制定裁量基准时，应当将针对执法组织权力行使法律规范与针对相对人行为的法律规范加以区分，依照构成要件方法分别制定裁量基准，之后再予以合并。为表述方便，本文仅就针对相对人行为的法律规范裁量基准构成要件方法加以说明，集中于较为复杂的、具有共同法律规范的行政处罚类、行政许可类、行政强制类裁量基准，针对执法组织权力行使法律规范裁量基准（可置于适用规则，主要是针对程序要件的基准），以及尚无共同法律规范的裁量基准的制定相对简单，道理相同。

行政处罚法、行政许可法、行政强制法就其立法目的和主要内容而言，可以称为行政程序法，但是，其内容不限于执法组织执法办案程序要件规定，其也规定了相对人角度的执法要件，规定这些要件的法律规范裁量基准，须与行政实体法规定的相对人角度执法要件法律规范裁量基准综合。

1. 区分裁量类型。总体上，以执法事项决定要件是否可选择为标准，裁量类型可以分为两类，一类是决定可选择的裁量；另一类是决定不可选择的裁量。决定可选择可以有两种理解，一种是特定决定类型依法"必须"只能作出"是"或"否"的选择（如准予许可或不予许可，予以强制措施或不予强制措施）；另一种是依法"可以"作出"是"或"否"的选择（如可以当场给予处罚与可以不予当场处罚，后者可以有不予处罚或实行普通程序给予处罚两种含义），以及作出的决定内容有种类、幅度的选择。前者并不是真正的决定可选择，因为符合构成要件就要作出"是"或"否"的决定，决定本身没有裁量余地，但是，决定的构成要件基于规定其的规范抽象性质，构成要件都可以在一定范围内选择，也就是说决定构成要件都可以裁量，都可以细化量化。对规定相对人行为的构成要件的规范进行行为时间、行为地点、行为主体、行为意识、实行行为、行为对象、行为结果、因果关系等要件的区分，本身就是细化的过程。因此，从决定要件及其构成要件这一整体来说，仍然是可裁量的，我们称这种裁量为决定要件不可选择的裁量。后一种裁量是决定要件可选择的裁量，这个不难理解，就是我们通常所理解的裁量类型。

裁量并不自由，其是一定条件下的"必须"。在制定裁量基准时，对于决定不可选择的裁量，要细化、量化其构成要件。对决定可选择的裁量中的"可以"决定裁量，要明确在符合哪些构成要件时"必须"，将其转化为决定不可选择的裁量。对决定内容可选择的裁量，既要细化量化决定内容本身，同时也要细化量化决定构成要件，并且要两相对应。无论是细化量化决定，还是细化量化构成要件，只需细化量化"是"的方面。对同一执法事项，既细化量化其"是"的方面的构成要件，又细化量化"否"的方面的构成要件，容易造成不周延。同时，在特定执法事项构成要件之外，有时法律、法规、规章特别规定了阻却该执法事项决定形成的要件，对这类"否"的方面的阻却要件，可以成为细化、量化的对象，不会造成不周延。

当前人们对制定裁量基准的认识程度主要集中于，在依职权执法上，侧重决定可选择裁量的细化量化，在依申请执法上，两种决定裁量都涉及，但多不顾及依职权执法决定不可选择裁量的细化量化，这是不完全的。

2. 分析裁量事项。从立法的角度，裁量基准针对的对象是裁量条款所表示的裁量规范（法律规范），从执法角度，裁量基准针对的对象是裁量事项（执法事项）。两者是统一的，一个法律规范是对一个法律事项的规定。由于执法事项与执法办案相对应，显然以裁量事项作为裁量基准针对对象，相对于执法办案来说更为有利，但是，当前以权责清单形式表现的执法事项普遍过粗，远不能达到制定裁量基准的精准要求，在很多情况下并不能清晰地在其中分析确定裁量事项，不能直接用于裁量基准的制定，否则制定出来的基准很容易混乱。因此，当前在制定裁量基准时，应将执法事项、法律条款相结合，从规定事项的法条入手分析裁量条款、裁量事项，以供制定裁量基准使用。

法条规定执法事项总的来说可以分为两类，一类是复杂法条，一个法条规定若干执法事项；另一类是简单法条，一个法条只规定一个执法事项，后者比较简单，这里不做讨论。对于复杂法条，应当先以决定类型为标准，区分出不同执法事项，再以决定是否可裁量为标准，将执法事项区分出决定可选择的裁量事项，与决定不可选择的裁量事项，以备按照不同的要求予以细化量化。

3. 识别裁量要件。依照行政执法学理论，法条规定的执法事项必须有明确的实行行为（此要件即使隐含也必须视为明定）和执法决定要件，可以明确规定行为时间、行为地点、行为主体、行为意识、行为对象、行为结果、因果关系等要件，这些被法律明确规定的要件，都是法定要件。在法定要件之外，根据事物的性质等，执法事项相对人角度必有行为时间、行为地点、行为主体、行为意识要件，可以有行为对象、行为结果、因果关系等要件，这些要件如果没有被法律规定，而是根据事物性质等推导出来的要件，则称为推定要件。裁量事项分析清楚以后，要按照要件分类，确定每一裁量事项有多少要件，分别是哪种要件，以为确定裁量因素做好准备。

在这一步，在法定要件上，要以设定特定裁量事项的法条所规定的实行行为和执法决定要件为中心，兼看同一法典的不同法条，不同法典的相关法条，特别是程序法是否对这一裁量事项的特定要件有另外规定，或者有补充要件的规定，如有，应加以综合补充，以使该裁量事项的要件完整。在推定要件上，大多数执法事项的要件均需补充要件。

在执法事项的要件明确以后，进入裁量要件识别阶段。一是从广义上，通过对执法事项的构成要件分类和明确，我们已经对执法事项进行了一阶细化，从这个意义上说，构成要件之法定要件和推定要件都是裁量要件。二是从二阶细化的意义，对于决定不可选择的裁量，以及决定可选择的裁量中的"可以"决定裁量，查构成要件之法定要件和推定要件，与执法办案实际两相比对，将选择余地仍然较大的构成要件确定为裁量要件。三是从二阶细化的意义，对决定内容可选择的裁量，首先明确决定要件是裁量要件，其次要先查决定构成要件之法定要件之实行行为要件，其可以细化量化的，即以实行行为为裁量要件。这是因为，对特定执法事项，实行行为和与之相对的执法决定要件，最能体现规定该执法事项的规范之意指。如果实行行为难以细化，则首先查其他构成要件之法定要件，再次查推定要件，最后结合立法目的，选择最能体现规范意指之要件为裁量要件。构成要件之裁量要件确定一个为宜，最多不超过两个，否则制定出的裁量基准就会过于复杂。

4. 确定裁量因素。裁量因素确定以裁量要件为对象，主要方式是构成要素法，与要素标准确定法。对于不可选择决定，以及"可以"的决定之构成要件之裁量要件之裁量因素的确定，可采用构成要素法，根据法律规定和事务性质等，将裁量要件分解为若干构成要素，这些构成要素即为裁量因素。

对于内容可选择的决定之构成要件之裁量要件之裁量因素的确定，可采用要素标准确定法。这里的标准，是指裁量要件内含的，最能体现规定裁量要件所在执法事项的规范意指，以及执法事项所在法典立法目的的标准，如执法事项的性质、情节等标准。一是对一个裁量要件确定裁量因素，只能采用一个标准，不能采用两个以上的标准。二是在同一标准下，法律已经对裁量要件的不同情形作了规定，或者裁量要件可以明确地区分出不同情形，即以这些情形为裁量因素，如这种裁量因素尚有细化量化的必要，可以进一步细化量化。三是裁量要件没有法定情形或者难以区分出不同情形的，要依照统一标准对特定裁量要件确定不同裁量因素。裁量要件是一个时，裁量因素可以确定为三个到五个，裁量要件是两个时，每个裁量要件的裁量因素不宜超过三个。

采用构成要素法，还是采用要素标准确定法不是绝对的，在构成要素法下可以进一步使用要素标准确定法或者构成要素法，在要素标准确定法下也可以进一步使用构成要素法或者要素标准确定法。例如，法律规定可以作出某一决定，决定内容又有幅度的，即可先采构成要素法，再用要素标准确定法。

在同一裁量事项内，裁量因素对应决定要件，只确定决定"是"的裁量因素，不确定决定"否"的裁量因素。对于不可选择的决定裁量要件裁量因素的确定，以及决定可选择的裁量中的"可以"决定裁量要件裁量因素的确定，只确定作出"是"的决定的裁量因素，对于内容可选择的决定裁量因素的确定，只确定作出"是"的特定决定内容的裁量因素。

裁量因素的确定必须在法律、法规、规章的范围内，必须基于执法事项的构成要件，不能在法外和构成要件以外设定裁量因素，现存基准中常见的将相对人是否配合执法作为裁量因素，如相关法律、法规、规章并无此规定，则这个裁量基准中的裁量因素就属于法外因素。

5. 形成裁量基准。形成裁量基准，就是将裁量因素与决定要件相对应。对于不可选择的决定裁量，以及"可以"的决定裁量，如采用构成要素方式确定裁量因素，在逻辑上，决定构成要件在整体上与裁量因素是包含关系，各裁量因素是裁量要件的组成部分，裁量要件又是决定构成要件的组成部分，裁量因素是决定构成的细分要件要素。此时，决定要件与裁量因素全部对应，作出执法决定裁量因素必须全部具备。

对于内容可选择的裁量，如采用要素标准确定法，作为决定构成要件组成部分的裁量要件，与其裁量因素之间在逻辑上是总分关系，每一裁量因素都是裁量要件在统一标准下的不同形态，此时决定要件与同一裁量要件内的裁量因素分别对应，作出执法决定，在同一裁量要件内，只能择一裁量因素。

采要素标准确定法确定的裁量因素，既要与决定要件对应，也要与决定的不同内容相对应。一是裁量因素对应的决定类型仅限于规定执法事项的规范所设定的决定类型，不能在这之外增加决定类型，或者改变决定类型。增加决定类型是新设执法事项（现存基准中常见），改变类型是改变了规范意指，如新设执法事项，需依立法法确定裁量基准形式。二是决定内容有种类并且有幅度选择时，宜先确定决定种类的裁量因素，再确定决定幅度的裁量因素，如两者构成要件、裁量因素完全相同，则可以合二为一。三是裁量因素与不同决定内容对应档次，应当符合立法目的、规范意指和常理。

6. 确定基准形式。有两类问题，一类是基准整体上以法律形式还是以行政规范性文件形式表现；另一类是裁量因素与决定要件的对应关系以条款还是以表格形式表现。

如在法定决定构成要件之外，新增基于事物性质推定要件之外的裁量要件及其裁量因素，或者新增、改变、删减法定决定类型的，宜以立法为之，反之，可以行政规范性文件形式表现。裁量基准内容以条款表现利于作出执法决定时具体引用，但是不够直观，以表格形式表现直观但不利于具体引用。因有裁量基准进决定的要求，裁量基准内容须具体引用的，可首先考虑条款形式，不需具体引用裁量基准内容的，可以表格表现。前者多存在于依职权执法中作出"给予""予以"的决定，以及依申请执法中作出"不予"的决定，后者多存在于依申请执法中作出"准予"的决定，以及依职权执法中作出"不予"的决定。

三、简例

以部门法设定的行政处罚事项裁量基准制定为例，为节省篇幅和表述方便，示例并未综合行政处罚法上有关执法事项相对人角度的要件，在实际制定裁量基准时宜予以综合。

（一）复杂法条裁量基准制定示例一

《城乡规划法》第六十四条规定，未取得建设工程规划许可证或者未按照建设工程规划许可证的规定进行建设的，由县级以上地方人民政府城乡规划主管部门责令停止建设；尚可采取改正措施消除对规划实施的影响的，限期改正，处建设工程造价百分之五以上百分之十以下的罚款；无法采取改正措施消除影响的，限期拆除，不能拆除的，没收实物或者违法收入，可以并处建设工程造价百分之十以下的罚款。

本条设定了下列执法事项。

事项一：未取得建设工程规划许可证或者未按照建设工程规划许可证的规定进行建设，尚可采取改正措施消除对规划实施的影响的，由县级以上地方人民政府城乡规划主管部门责令停止建设，限期改正。此处设定了行政命令事项，属决定不可选择的裁量事项。

事项二：未取得建设工程规划许可证或者未按照建设工程规划许可证的规定进行建设，尚可采取改正措施消除对规划实施的影响的，由县级以上地方人民政府城乡规划主管部门（责令停止建设，限期改正，）处建设工程造价百分之五以上百分之十以下的罚款。此处设定了罚款的行政处罚事项，属决定可选择的裁量事项。此事项相对人角度构成要件与上一事项同。

事项三：未取得建设工程规划许可证或者未按照建设工程规划许可证的规定进行建设，无法采取改正措施消除影响但能够拆除的，责令停止建设，限期拆除。此处设定了行政命令事项，属决定不可选择的裁量事项。

事项四：未取得建设工程规划许可证或者未按照建设工程

规划许可证的规定进行建设，无法采取改正措施消除影响且不能拆除的，（责令停止建设，）没收实物或者违法收入。此处设定了没收实物或者违法收入的行政处罚事项，属决定不可选择的裁量事项。

事项五：未取得建设工程规划许可证或者未按照建设工程规划许可证的规定进行建设，无法采取改正措施消除影响且不能拆除的，（责令停止建设，没收实物或者违法收入，）可以并处建设工程造价百分之十以下的罚款。此处设定了罚款的行政处罚事项，属决定可选择的裁量事项。此事项相对人角度构成要件与上一事项同。

由此，这个复杂条款可以拆分出五个裁量事项，这里仅分析决定可选择的裁量事项，即事项二和事项五。

对于事项二，实行行为是违反规划建设，实行行为的性质是尚可采取改正措施消除对规划实施影响，实行行为的情形有两种：一种是未取得建设工程规划许可证；另一种是未按照建设工程规划许可证的规定进行建设。采要素标准确定法，即可以将上述两种情形确定为实行行为要件的裁量因素，前一种情形重于后一种情形，前一种情形可以对应百分之七以上，百分之十以下罚款，后一种情形可以对应百分之五以上，百分之七以下罚款。

对于事项五，先要明确"可以"并处罚款的构成要件，再就其罚款幅度及其构成要件进行细化量化。此事项实行行为是违反规划建设，实行行为的性质是无法采取改正措施消除影响且不能拆除，实行行为的情形有两种：一种是未取得建设工程规划许可证；另一种是未按照建设工程规划许可证的规定进行建设。采构成要素法，可以将未取得建设工程规划许可证情形，规定为予以罚款的实行行为的情形。接下来，对罚款幅度及其构成要件细化量化，采要素标准确定法，依规范意指，可以以实行行为性质之一，即无法采取改正措施消除影响之程度为标准确定裁量因素，如以建筑面积为确定要素的标准，划分两档，或者三档。

通过上面的分析，我们可以将事项二、事项五形成的裁量基准以裁量条款的形式整理表述为：

未取得建设工程规划许可证进行建设，尚可采取改正措施消除对规划实施的影响的，处建设工程造价百分之七以上百分之十以下的罚款。未按照建设工程规划许可证的规定进行建设，尚可采取改正措施消除对规划实施的影响的，处建设工程造价百分之五以上百分之七以下的罚款。

未取得建设工程规划许可证进行建设，无法采取改正措施消除影响且不能拆除的，建筑面积×××平方米以下的，处建设工程造价百分之五以下的罚款，建筑面积×××平方米以上的，处建设工程造价百分之五以上百分之十以下的罚款。

（二）复杂法条裁量基准制定示例二

《安全生产法》第九十八条规定，生产经营单位有下列行为之一的，责令停止建设或者停产停业整顿，限期改正，并处十万元以上五十万元以下的罚款，对其直接负责的主管人员和其他直接责任人员处二万元以上五万元以下的罚款；逾期未改正的，处五十万元以上一百万元以下的罚款，对其直接负责的主管人员和其他直接责任人员处五万元以上十万元以下的罚款；构成犯罪的，依照刑法有关规定追究刑事责任：（1）未按照规定对矿山、金属冶炼建设项目或者用于生产、储存、装卸危险物品的建设项目进行安全评价的；（2）矿山、金属冶炼建设项目或者用于生产、储存、装卸危险物品的建设项目没有安全设施设计或者安全设施设计未按照规定报经有关部门审查同意的；（3）矿山、金属冶炼建设项目或者用于生产、储存、装卸危险物品的建设项目的施工单位未按照批准的安全设施设计施工的；（4）矿山、金属冶炼建设项目或者用于生产、储存、装卸危险物品的建设项目竣工投入生产或者使用前，安全设施未经验收合格的。

本条设定了下列执法事项。

事项一：具有1项到3项行为之一，对正在建设的，责令停止建设，限期改正。此处设定了行政命令事项，属决定不可选择的裁量事项。

事项二：具有1项到4项行为之一，对正在生产的，责令停产停业整顿（，限期改正）。此处设定了行政处罚事项，属决定不可选择的裁量事项。

事项三：具有1项到4项行为之一，对生产经营单位处十万元以上五十万元以下的罚款。此处设定了罚款的行政处罚事项，属裁量事项，属决定可选择的裁量。

事项四：具有 1 项到 4 项行为之一，对生产经营单位直接负责的主管人员和其他直接责任人员处二万元以上五万元以下的罚款。此处设定了罚款的行政处罚事项，属裁量事项，属决定可选择的裁量。

事项五：具有 1 项到 4 项行为之一，经限期改正逾期未改正的，对生产经营单位处五十万元以上一百万元以下的罚款。此处设定了罚款的行政处罚事项，属裁量事项，属决定可选择的裁量。

事项六：具有 1 项到 4 项行为之一，经限期改正逾期未改正的，对生产经营单位直接负责的主管人员和其他直接责任人员处五万元以上十万元以下的罚款。此处设定了罚款的行政处罚事项，属裁量事项，属决定可选择的裁量。

法条 1 项到 4 项，每项都设定了独立的实行行为，以实行行为对应执法决定为标准确定执法事项，上述事项一内有三个执法事项，其他事项每个事项中有四个执法事项，共计二十三个执法事项，其中决定内容可选择的裁量事项共计十六个。

这里仅就事项三中四个裁量事项分别予以分析示例。事项三中的四个裁量事项分别为：

裁量事项一，未按照规定对矿山、金属冶炼建设项目或者用于生产、储存、装卸危险物品的建设项目进行安全评价的，对生产经营单位处十万元以上五十万元以下的罚款。

裁量事项二，矿山、金属冶炼建设项目或者用于生产、储存、装卸危险物品的建设项目没有安全设施设计或者安全设施设计未按照规定报经有关部门审查同意的，对生产经营单位处十万元以上五十万元以下的罚款。

裁量事项三，矿山、金属冶炼建设项目或者用于生产、储存、装卸危险物品的建设项目的施工单位未按照批准的安全设施设计施工的，对施工单位（属本条所指生产经营单位）处十万元以上五十万元以下的罚款。

裁量事项四，矿山、金属冶炼建设项目或者用于生产、储存、装卸危险物品的建设项目竣工投入生产或者使用前，安全设施未经验收合格的，对生产经营单位处十万元以上五十万元以下的罚款。

法定决定构成要件分别为：

裁量事项一，行为主体为，生产经营单位。实行行为为，未进行安全评价。行为对象为，矿山、金属冶炼建设项目或者用于生产、储存、装卸危险物品的建设项目。

裁量事项二，行为主体为，生产经营单位。实行行为为，无安全设施设计，两种情形：一是没有安全设施设计，二是安全设施设计未按照规定报经有关部门审查同意。行为对象为，矿山、金属冶炼建设项目或者用于生产、储存、装卸危险物品的建设项目。

裁量事项三，行为主体为，施工单位（属本条所指生产经营单位）。实行行为为，未按照批准的安全设施设计施工。行为对象为，矿山、金属冶炼建设项目或者用于生产、储存、装卸危险物品的建设项目。

裁量事项四，行为时间为，建设项目竣工投入生产或者使用前。行为主体为，生产经营单位。实行行为为，安全设施未经验收合格。行为对象为，矿山、金属冶炼建设项目或者用于生产、储存、装卸危险物品的建设项目。

采要素标准确定法，在上述事项不同构成要件内分别分析要素，将最能体现立法意图、规范意指的要素确定为裁量因素并形成裁量基准，裁量因素相同的事项，在确定基准形式时予以合并表述。

以上两例裁量基准制定中的类型、事项、要件、因素、基准、形式等的确定并非定论，仅是制定裁量基准过程的简约演示，在实际制定裁量基准过程中，可考虑本文第一部分的认识，参考第二部分的方法步骤，结合立法目的、规范意指和执法实际对相关方面予以详细、准确确定。

行政许可等依申请执法事项裁量基准制定，依相应法律规范规定和事物的性质，依本文第二部分先明确执法事项的决定类型，再分析裁量事项，将其行为（申请）时间、行为（申请）地点、行为（申请）主体、行为（申请时）意识、实行（申请）行为、行为（申请）对象、行为（申请）结果、因果关系等构成要件予以确定，在此基础上，识别裁量要件，主采构成要素法细化量化裁量因素，尤其是要细化量化实行（申请）行为中的申请方式、申请事项的构成要素，及与构成要素相对应的申请材料。同时，要重点细化量化执法组织角度的要件，尤其是程序要件。限于篇幅，这里不再举例。

图书在版编目（CIP）数据

行政执法案例要件评析：基于最高人民法院行政裁判案例／夏云峰著．—北京：中国法制出版社，2024.1

ISBN 978-7-5216-3755-7

Ⅰ．①行… Ⅱ．①夏… Ⅲ．①行政执法-案例-中国 Ⅳ．①D922.110.5

中国国家版本馆 CIP 数据核字（2023）第 251105 号

责任编辑：谢　雯　　　　　　　　　　封面设计：杨泽江

行政执法案例要件评析：基于最高人民法院行政裁判案例
XINGZHENG ZHIFA ANLI YAOJIAN PINGXI：JIYU ZUIGAO RENMIN FAYUAN
XINGZHENG CAIPAN ANLI

著者/夏云峰
经销/新华书店
印刷/三河市国英印务有限公司
开本/880 毫米×1230 毫米　32 开　　　　印张/ 9.25　字数/ 169 千
版次/2024 年 1 月第 1 版　　　　　　　　2024 年 1 月第 1 次印刷

中国法制出版社出版
书号 ISBN 978-7-5216-3755-7　　　　　　　　定价：45.00 元

北京市西城区西便门西里甲 16 号西便门办公区
邮政编码：100053　　　　　　　　　　　传真：010-63141600
网址：http：//www.zgfzs.com　　　　编辑部电话：010-63141784
市场营销部电话：010-63141612　　　印务部电话：010-63141606

（如有印装质量问题，请与本社印务部联系。）